Fred Poulet

21 virages

« Au téléphone, il me disait qu'il espérait que j'étais heureuse. »

Christina Jonsson

La plaine

Che confusione, quel bordel le Tour de France, quel bordel le cyclisme, quel bordel la vie, quel bordel dans ma tête. Commencer une chanson par ces deux mots, *Che confusione*, c'est du génie. Tu montes sur scène, tu t'approches du micro, tranquille, et tu lâches : *Che confusione*. Tu sais que tu as déjà tout dit, tu sais que tu parles aux gens. Prochain karaoké, je ferai ça, je m'approcherai du micro une main dans la poche, de préférence le regard au loin, *Che confusione*... Quel bordel cette banlieue avec sa zone commerciale et sa quatre-voies, c'est immonde cette ville. C'est ça qui rend les chansons géniales : un type a écrit ça un jour, je ne sais pas à quoi il pensait, mais je sais qu'il l'a écrite pour moi. Cette chanson est la mienne, désolé. Il ne sait pas que je l'écoute dans une chambre d'hôtel de Saint-Étienne en regardant par la fenêtre, que c'est le bordel sur le parking, que c'est le bordel dans ma vie. Même s'il ne le sait pas, c'est pour ça qu'il a voulu que les premiers mots soient *Che confusione*. Sa chanson le dépasse. On est tous dépassés par ce qu'on fait quand on le fait bien. Il a décidé que sa chanson commencerait par cette phrase et ça le dépasse. Il ne sait pas que demain je monte les vingt et un virages de l'Alpe-d'Huez et que je chanterai cette phrase quand je foutrai le bordel dans le peloton. Attention, Il Pirata dégaine, *che confusione* ! Le petit mec chauve fait tout péter, comme en 95. Le petit mec chauve s'explose contre un 4 × 4, le petit mec à béquilles rencontre l'amour, quel bordel ! Bien sûr que c'est parce que je t'aime ! *Sarà perché ti amo*, au début on n'est pas sûr, on ne sait pas, on se dit : ce doit être. Maintenant je sais. Je n'ai rien désiré plus que l'amour, je l'ai enfin, mais je n'aurai plus la paix. Le type – flûte, je ne me souviens plus de son nom – a décidé que sa chanson commencerait par « Quel bordel » en sachant que la phrase suivante devait être « Ce doit être parce que je t'aime ». Il se trouve que toute ma vie se trouve entre ces deux phrases, elles dessinent les limites actuelles de mon existence. Tout ce qu'il y a entre le virage 21 et le virage 1, c'est ce qu'il y a entre ces deux phrases. Le type qui a imaginé ce début de couplet devait savoir à quel point j'en avais besoin. Un an sans vélo : j'ai peint, j'ai écrit, je suis allé voir Charly, ce doit être parce que je t'aime. Tout ce que j'ai fait avant toi : grimper, tomber, gagner et tout ce que j'ai fait depuis toi : me perdre, me retrouver, tout ce que je ferai, bon sang mais c'est bien sûr, *sarà perché ti amo.* C'est tout ce que j'aimerais te dire, malheureusement je ne fais pas partie de ceux qui savent exprimer une émotion. *È un'emozione Che cresce piano piano.* Je ne sais pas la dire alors cette émotion enfle, elle occupe tout l'espace vital, tout l'air respirable, alors je lutte pour pouvoir encore respirer et je n'arrive qu'à la contenir avant qu'elle ne croisse à nouveau. Ce que j'ai tant désiré, je ne peux pas le contrôler. Pour que cette émotion puisse grandir sans me tuer, il faut que ma vie grandisse, il faut que je grandisse, je suis encore tout petit. *Stringimi forte* pour m'aider à grandir. Serrer fort, c'est ce qu'on n'arrive pas à faire quand on n'aime pas. C'est un mensonge trop gros, un engagement trop lisible. Pars aussi loin que tu veux mais, quand tu reviens, serre-moi fort.

Se ci sto bene sarà perché ti amo. Sois toi-même, fais-moi grandir et si ça me convient, ce doit être parce que je t'aime. Mais je suis sûr d'être trop moche et trop con, que tu t'es intéressée à moi sur un malentendu, et ça me fait souffrir et j'ai peur de ne jamais être à la hauteur et j'ai peur que tu me trompes, mais *si ça me convient...* C'est drôle, avant d'être désintégré par l'amour, quand j'écoutais une chanson j'étais surtout attentif à la mélodie ; depuis que j'aime, ce sont les mots qui me bouleversent. J'aurais dû écrire moi-même la chanson que j'ai enregistrée l'année dernière. Je n'avais pas assez confiance en moi. L'autrice s'est pas mal débrouillée, mais il n'y a ni l'*évidence ni la profondeur*. Ça y est, je me souviens de son nom, il s'appelle Enzo Ghinazzi. Celle qui a écrit ma chanson s'est trompée dès la première strophe, elle dit : *Je suis né à la mer mais je grimpe des montagnes* (ça, c'est bien), puis *Je cherche des illusions, à la place je trouve des émotions.* Ça, c'est pas très bon. En plus, c'est faux, c'est même l'inverse, je cherche des émotions et je trouve des illusions. Et juste pour le jeu de mots, elle fait une autre erreur : *La bici l'ho voluta io e tiro la volata ormai. Tiro la volata*. Je n'ai jamais emmené un sprint, ce n'est pas mon boulot, c'est même une insulte au grimpeur que je suis. Heureusement, la chanson est restée assez confidentielle. Je vais écrire moi-même le texte, je vais le peaufiner jour après jour, je retournerai en studio et je peux vous dire que ce sera une autre limonade.

Cade una stella. J'ai vu une nuit une étoile filante monter dans le ciel à la verticale. Un effet de perspective sûrement, mais je sais que toutes les étoiles filantes ne tombent pas, j'aimerais que celle que j'ai vue m'aide à continuer à y croire. Ce type est un génie, il est dans ma tête ! Je gagne ici en 95, je suis en pleine ascension et je m'explose contre une voiture deux mois plus tard. On me diagnostique quoi ? Une double fracture en étoile. Je vais essayer de le contacter, la notoriété, ça sert à ça. J'aimerais parler avec lui de la mystique qui nous relie, qu'il me dise si une étoile tombe toujours ou si je peux continuer à croire qu'elle file en montant. J'aimerais passer la soirée avec lui sur la terrasse, parler avec lui de tout ça au lieu de m'emmerder seul dans cette chambre. Pourquoi on mange si tôt ? *Ma dimmi dove siamo*, dis-moi ce que je fais dans cette ville, dans cette chambre, l'endroit idéal pour faire une dépression express. Le contre-la-montre d'aujourd'hui était trop court, je ne suis pas assez fatigué, je n'arriverai jamais à dormir. Dis-moi où nous sommes... Alors c'est elle qui sait ? Ou c'est juste une façon de se poser la question ensemble ? Ton endroit et mon endroit se rencontrent et ça crée un nouvel endroit, on ne sait pas où c'est, ni toi ni moi, c'est là où nous sommes. Alors, *dimmi dove siamo*, dis-moi quel est cet endroit où les étoiles filantes montent et ne meurent jamais, ne meurent que dans le regard de ceux qui ne croient pas en elles.

Sempre più in alto si va, tu vois, je le disais, l'étoile va toujours plus haut. Grimper plus haut, vivre plus haut, aimer plus haut, toujours. La mécanique entre le vélo et moi est inarrêtable, c'est le mouvement perpétuel. Hosanna, chaque coup de pédale est une prière ; plus haut, plus haut, au plus haut des cieux. Un grimpeur doit mourir avant de redescendre, ou ne pas mourir, et tu dois voler avec moi. Et là, messieurs-dames, Enzo Ghinazzi sort son coup de maître, l'atémi mortel, l'accélération irrésistible, il écrit : *Il mondo è matto perché*. Après « parce que », la phrase s'arrête net. Le monde est fou parce que. Point. Il dit tout dans ce rien : parce que c'est comme ça, parce que rien, et aussi pour toutes les raisons qu'on peut mettre derrière ce « parce que », y compris le *ti amo* qu'il n'écrit pas. Chapeau, l'artiste. Les livres m'empêchent de penser, ils me mettent le nez dans mon ignorance, les chansons, elles, m'élèvent vers le mystère.

Basta una sola canzone per far confusione, une seule chanson qui vient se superposer à la confusion que l'amour a créée, qui m'en fait voir les contours et précise le trait pour qu'enfin je distingue le dessin. Il suffit d'une chanson pour compléter les hiéroglyphes du message codé que la vie nous livre et pour faire apparaître des mots intelligibles. À l'intérieur et à l'extérieur. *Fuori e dentro di te*, tout ce que je croyais être moi avant d'aimer, bordel, *confusione*. Le Tour de France et l'amour, l'ouvrier agricole et le pirate, le public et la solitude, le bordel dedans et dehors. À ce moment-là, Enzo Ghinazzi sait qu'il a tout dit, alors il répète les phrases déjà chantées pour que, toi aussi, tu les chantes et qu'elles te rentrent bien dans le crâne, qu'elles fassent leur travail dans ta tête. Après deux couplets de répétitions, il dresse une phrase comme un col dans la plaine, comme le *grattacielo* de Cesenatico : *Se cade il mondo, allora ci spostiamo.* Si le monde s'écroule, pas de panique, tu bouges un peu... Il a compris que le monde a la taille que tu lui donnes. Si l'amour t'a fait grandir assez pour continuer à respirer, regarde le monde à tes pieds et, s'il s'écroule, fais un pas de côté. Le monde est plus petit que l'amour.

Le ciel a une couleur magnifique, la lumière rendrait le parking presque beau.

Stringimi forte, e stammi più vicino
È cosi bello, che non mi sembra vero
Se il mondo è matto, che cosa c'è di strano
Matto per matto, al meno noi ci amiamo
E vola vola si sa, sempre più in alto si va
E vola vola con me, il mondo è matto...

Boum boum ! Une grosse caisse contre la cloison. Merde, il y en a qui dorment déjà, c'est déprimant.

21

J'ai envie de démonter mon vélo. J'ai envie de démonter et remonter mon vélo en écoutant des chansons sur Radio Studio Delta. *Se bastasse una buona canzone...* Graisser les roulements, la chaîne, écouter la chaîne et la graisser pour qu'elle produise exactement le son d'une chaîne bien graissée. Passer une peau de chamois sur le cadre avant de tout remonter. *Se bastasse una grande canzone...* mais pourquoi dîne-t-on si tôt quand on est cycliste ? Pourquoi les grands Tours se courent-ils quand les journées sont les plus longues ? Déjà deux heures que j'essaie de tuer le temps dans ma chambre et il fait encore jour. L'ombre du bus de la Mercatone Uno s'allonge sur le parking de l'hôtel sous mes fenêtres, deux mécanos discutent en short. On dirait que la nuit ne va jamais tomber. On dirait que chaque minute s'étire devant moi avec un sourire narquois. Retenu dans ma chambre, comme quand mon père m'y condamnait quand je rentrais trop tard de mes virées à vélo. Trente kilomètres de Cesenatico aux premiers reliefs, ça fait presque deux heures aller-retour. Je ne pouvais pas sortir moins de trois heures mais cela, mon père n'a jamais voulu le comprendre. Il n'a jamais voulu comprendre grand-chose à quoi que ce soit qui me concerne. Il n'a jamais voulu comprendre quoi que ce soit. Chez Carrera, j'étais équipier, on ne me demandait pas mon avis, je partageais la chambre avec Chiesa, on se parlait peu mais le temps passait plus vite. Maintenant, la Mercatone Uno a carrément créé une équipe autour de moi, une *Nazionale Romagnola* et on ne m'a rien demandé, j'ai une chambre seul. C'est peut-être préférable, Chiesa ronflait terriblement. Toutes ces heures à suivre les montagnes russes de ses ronflements qui naissaient presque discrètement pour s'épanouir, devenir tonitruants et s'achever dans une apnée que je redoutais à chaque fois fatale, suivie d'un bref silence d'où renaissait un ronflement presque discret... Je me demande si tous les coureurs s'emmerdent autant que moi. Cipollini a peut-être tout un harem dans sa chambre, Ullrich doit être en train de sucer son pouce en tripotant son maillot jaune roulé en boule, je ne sais pas. J'aimerais aimer lire. Je n'ai jamais lu un livre de ma vie, ce serait tellement bizarre de commencer maintenant.

J'aimerais en finir au plus vite avec cette journée qui n'existe pas. Tout le monde m'attend demain dans l'Alpe-d'Huez, personne ne m'a demandé comment je me sentais aujourd'hui. Ce petit col qui culminait à 1 201 mètres sur le contre-la-montre, c'était une blague. J'ai été obligé de crever en haut pour que ce ne soit pas d'un ennui total. Une journée de repos hier et le chrono d'aujourd'hui : j'ai l'impression d'être à Saint-Étienne depuis une éternité. Je déteste les journées de repos, je déteste les contre-la-montre, je déteste Jan Ullrich et je déteste la veille de l'Alpe-d'Huez. J'ai tellement regardé ce parking que je pourrais le dessiner les yeux fermés. Ne penser à rien, fermer les volets et en finir avec cette journée. Ne penser à rien, quelle drôle d'expression. On devrait dire penser à rien, mais *ne* penser à rien, c'est forcément penser à quelque chose, à rien en l'occurrence, et rien, c'est difficile à penser, ça peut empêcher de dormir. On sait aussi que ne pas penser c'est impossible, alors il faut que je pense à quelque chose qui va m'amener jusqu'au sommeil. Allongé dans le noir, je suis obligé de reconnaître qu'une petite pointe d'angoisse irradie mon abdomen. Ils ont monté une équipe pour moi et je n'ai encore rien gagné. Si je me loupe demain, ça va commencer à devenir tendu. Ce n'est pas de ma faute si un chat a traversé la route sous mes roues sur le Giro, mais demain, c'est mon étape. Laisser venir les images qui me conduiront jusqu'au sommeil, on a fait ça avec le sophrologue, me mettre dans ma bulle de bien-être, inspirer par le nez, souffler par la bouche très lentement, j'écarte les bras, je dessine une bulle de lumière, mon rythme cardiaque ralentit, respirer avec le ventre. Cent quatre-vingts kilomètres à se traîner dans les vallées avant le virage 21, il faut que j'y arrive avec les premiers. Vingt et un, c'était mon dossard quand j'ai gagné ici en 1995, intégrer ce signe positif. Laisser venir sur mon écran mental la compétition du début à la fin, on commence tout de suite une portion à 10 %, ça tire sur les jambes. Ça monte en ligne droite jusqu'au premier virage, mon rythme cardiaque baisse encore, mon nombril se colle à ma colonne vertébrale à l'expiration, mes bras sont lourds, mes jambes sont lourdes, tout mon corps est lourd, agréablement lourd, je m'autorise à lâcher prise, j'arrive au virage 21. Je lâche toutes mes tensions, je visualise les tensions dont je me débarrasse, je visualise les vingt et un virages à monter demain et je laisse une tension à chaque virage. La détente glisse dans mes bras comme une cascade de bien-être, les épaules se relâchent. La pente à gravir est un lieu de ressource, une parenthèse enchantée. Une paroi rocheuse se dresse, verticale, juste avant le virage, ça sent la pierre chaude, ça sent l'évasion, c'est l'odeur des murs de pierre sèche des collines de Cesena. Le plat ne compte pas, le plat n'est qu'un itinéraire qui permet de se rendre au pied de l'ascension. Je méprise le plat qui m'a vu naître, je me débarrasse de la platitude de Cesenatico et de l'odeur de la mer au virage 21 pour gagner la pente, la liberté, les pierres chauffées au soleil. Je suis complètement plongé dans mon monde intérieur, j'ai un potentiel immense. Le virage 21 tourne à droite et, dès qu'on en sort, on a les neiges éternelles en point de mire. Pas celles des montagnes vers lesquelles je monte, celles en face, de l'autre côté de la vallée. Le virage 21, le premier, la promesse de la cime, comme tous ceux qui me font renaître après que je me suis traîné dans les vallées. La pente prend 10 % et le monde me regarde, c'est un interrupteur : je n'existe pas/j'existe. Sur le plat, le peloton ne me regarde jamais, ils ne cherchent même pas à savoir où je suis, je n'existe pas, mais dès le premier virage, quand j'arrive au 21, je clignote. Je visualise concrètement le jour de la compétition, je suis parfaitement détendu. La végétation est encore variée, feuillus et résineux, l'herbe est grasse, les à-pics sont encore masqués par les bosquets, je pédale tout près des cons qui m'appellent toujours Elefantino et je chante doucement, pas du tout essoufflé, souriant : *Mon bébé si joli, maman veille, mon petit, ne crains rien, sèche tes pleurs, viens sur mon cœur.*

La maman de Dumbo a laissé place à la fiancée du Pirate. Je suis calme, serein, paisible. Non, je ne suis pas paisible, ça ne marche pas, j'ai envie de démonter mon vélo, j'ai envie d'appeler Christina. Quelle heure est-il ? Elle ne commence pas à danser avant minuit, si je l'appelle maintenant, elle aura le temps de me parler un peu. Je ne sais jamais quoi lui dire. Je sais quoi lui dire avant de l'appeler, et après avoir raccroché. Avant de l'appeler je lui dis à quel point je l'aime, comme elle m'impressionne, à quel point c'est miraculeux, inconcevable, qu'elle se soit intéressée au petit ouvrier agricole de Romagne précocement chauve qui croyait, dans toute sa mesquinerie, se trouver en face d'une pute. Elle ne savait pas qui j'étais, elle est prodigieuse. *Sarà perché ti amo, cade una stella*, je n'arrive pas à croire qu'elle s'intéresse à moi, au gringalet qui détourne le regard quand on lui parle, je n'arrive pas à croire au miracle, elle s'intéresse à tant de choses. Avant de l'appeler, je parle bien, je lui dis qu'elle transcende tout : moi, le sexe, les autres femmes, même le vélo. Mais une fois qu'elle a décroché, je bredouille des banalités, je la soupçonne, je suis con. Ensuite, elle raccroche et je retrouve l'éloquence, la clarté des sentiments.

*

23/01/1996

Besoin de mettre tout à plat, de sauver ma peau. Noter, consigner, tout faire apparaître. Le danger réside dans les zones d'ombre, l'ombre me dévore. Ça commence aujourd'hui, tout de suite, pour ma survie. Livia a parlé de moi à ses patrons et j'ai été embauchée à l'Energy, je dois danser pour attirer les clients sur la piste, c'est affreusement dégradant, affreusement sexiste et je ne peux pas refuser, je n'ai plus une lire.

La situation : j'ai quitté le Danemark pour m'émanciper de ma famille, de mon pays, de moi-même.

Phase 1 : le sud de l'Espagne. Je suis barmaid sur la côte. Quand une jeune fille d'Europe du Nord sans diplôme cherche du travail, sa valeur sur le marché est indexée sur la potentialité d'une expérience sexuelle haut de gamme. Au fond, c'est ça qui fait venir les clients. Le plus gros du contingent de clients est mâle hétérosexuel. J'y ai rejoint une amie déjà installée, donc pas d'expérience avec la solitude, Erasmus sans études. Je dépense presque tout ce que je gagne, je loue ma qualité de jeune Danoise à fonds perdu, je loue le temps que je ne gaspille pas.

Conclusion 1 : bénéfice nul à part l'apprentissage de l'espagnol.

Phase 2 : je quitte l'Espagne pour essayer de me retrouver plus directement en prise avec ma vie. Mon amie connaît une fille en Italie sur la côte Adriatique. Direction Rimini, Livia – la fille en question – travaille dans une discothèque, elle me met en contact avec ses employeurs qui cherchent, sous l'intitulé « collaboratrice artistique », une fille qui danse sur une estrade légèrement surélevée pour animer la piste de danse. Je suis embauchée.

Conclusion 2 : c'est directement mon corps que je loue désormais. Exit la dernière petite compétence qui consistait à porter des verres sans les renverser, là on est en prise directe. Mon corps jeune et désirable alimente le commerce, c'est une défaite intolérable, j'ai encore régressé dans l'échelle sociale et accepté une compromission plus grave. Si j'accepte cette défaite, je me soumets définitivement à la mécanique de la société mâle, je ne serai que ce qu'on m'a condamnée à être.

Attention !!! Ce que je consigne dans ce cahier ne doit ni devenir un journal intime ni un exutoire. Il s'agit d'énoncer clairement la situation pour m'aider à réunir – compiler – les outils qui m'aideront à créer en moi une cellule terroriste armée pour combattre une adversité que je connais bien.

Résumé : je ne peux pas livrer mon corps au seul bénéfice de l'adversaire, je dois inventer et lister les stratégies qui vont me permettre de me réapproprier mon corps et ma vie. Cerner et lister les problèmes que je vais rencontrer, trouver à chaque fois une solution créative.

Les stratégies possibles

– Lutter en franc-tireur (franche-tireuse ?), séduire et faire souffrir les hommes, faire passer la souffrance de moi à eux. Pas sûr que cela enraye la mécanique, cela peut me maintenir dans un rôle de femme-objet ; l'objet dangereux, l'objet arme. Je ne suis pas très douée pour faire souffrir et je n'en tire aucune satisfaction. Option hasardeuse.

– Agencer précisément, et en toute conscience, les événements qui se produisent. Le hasard est souverain, il faut essayer de lui donner un sens à travers une narration artistique. Trouver mon rapport intime et créatif au hasard.

Conclusion : apparemment pas d'autre issue que d'essayer de donner une dimension artistique à ce qui m'est imposé (ma vie ? Est-ce que j'ai l'impression qu'on m'impose ma vie ? À creuser).

Problème : l'artiste va chercher des contraintes dans le réel pour produire une œuvre. Moi, je suis une danseuse de discothèque, alors comment m'affranchir du réel pour rendre l'œuvre visible ? En d'autres termes : personne ne me regarde vivre, comment arriver dans une galerie ?

Je devrais avoir assez de force pour tenir la contrainte et construire moi-même le débouché (l'exposition).

Les stratégies

– Suivre les cours d'une école d'art, me constituer un réseau ou tout au moins quelques appuis pour que l'œuvre soit vue. Commencer ensuite.

– Commencer l'élaboration de l'œuvre en même temps qu'une école. Ma démarche pourrait exister dans le cadre d'un projet de fin d'études.

– Commencer à construire l'œuvre immédiatement et faire confiance aux hasards (rencontres) pour qu'elle existe.

Éclaircir de toute urgence ma position par rapport à ces différentes stratégies. Ne jamais perdre de vue que le temps est mon ennemi. Il érode le désir, la vitalité, normalise en faisant le lit du doute.

Réfléchir au médium.

20

Je respire avec le ventre, ma nuit sera reposante et récupératrice, j'ai de plus en plus confiance en moi. Pourquoi fait-elle ce métier ? Elle gagnerait autant si elle était boulangère ou secrétaire, mais elle a choisi – je ne veux pas croire qu'elle ait choisi – de se montrer pour gagner sa vie. Alors qu'il n'y a que moi qui sais la voir. Elle se montre et c'est une épreuve de tous les instants, une course à gagner quotidiennement contre ma connerie. Je souffle par la bouche, je suis capable de gérer mes émotions, j'arrive au virage 20, virage à gauche, promesse d'une longue souffrance, c'est là que je laisse sur le bas-côté ma connerie de petit Romagnol ignorant, je me projette vers l'ascension. Parois rocheuses à droite, parois rocheuses en face au bout de la ligne droite, parois rocheuses à gauche, plus irrégulières de l'autre côté de la vallée. Je laisse tous mes préjugés au virage 20, ils dévalent la pente pour s'écraser dans la vallée encore proche.

Bonsoir, c'est Marco... Oui, dans les Alpes... Merci... Promis, tu peux me passer Christina ?

On est allé la chercher, l'attente aiguise le trac que j'ai toujours avant qu'elle décroche. Je n'aurais pas dû l'appeler, je suis con. J'espère qu'elle ne s'est pas encore changée, qu'elle ne va pas traverser toute la boîte le cul à l'air. Il ne faut plus que je l'appelle après 23 heures, c'est trop pénible, je l'appellerai chez elle pendant la journée.

Salut, c'est Marco... Non, ça mouline dans ma tête, je suis crevé mais je n'ai pas du tout sommeil... Je ne pense à rien de spécial, tout et rien. Tout le monde m'attend sur l'étape de demain, je crois que ça me met un peu la pression. Et je pense à toi... Deux semaines, c'est pas si long, tu me manques énormément aussi... Ah ah, je m'en fous de la fille du podium, c'est toi que je rêve d'embrasser, c'est à toi que je penserai quand je vais gagner... Bien sûr que je vais gagner... Tu as l'air d'avoir le moral... Quel Mario ?... Le barman, je le connais, il s'appelle Guido, pas Mario... Ah, celui de la moto !... Tu t'es déjà changée ?... Tu n'as pas besoin de dix minutes pour monter sur ton estrade... Je ne suis pas agressif... Non, je n'avais rien à te dire de spécial, enfin si, je voulais te dire... Laisse tomber... C'est moi qui m'excuse, va boire un autre gin-tonic à ma santé avec Mario... Excuse-moi, allez, je te laisse... Merci... Oui, bien sûr que je vais gagner.

L'obscurité est maintenant toute pleine de la présence de Christina, sa voix et son accent flottent dans le noir comme un parfum, un bois de santal de présence adorable. Je ramène à moi le souvenir de sa peau blonde, fragile et tachée de grains de beauté, celui qu'elle a sur le cou, sur lequel mes yeux se réfugient quand son regard me fait mal à force d'être doux, quand tout son être me rappelle que je suis au virage 20, que je n'ai pas encore pris de hauteur et que j'ai des paquets à déposer. Encore une fois, je n'ai pas pu m'empêcher de l'emmerder, mais qu'est-ce qu'elle fait avec ce Mario ? Elle n'aurait pas pu me dire « je bavardais avec Agatha » ou « je prenais un jus d'orange avec Sylvia » ? Non, il faut que ce soit de l'alcool avec ce mec qui la ramène à moto et qu'elle soit un peu allumée. Pourquoi est-ce qu'elle me dit « je suis un peu allumée », qu'est-ce que ça lui coûterait d'inventer quelque chose qui ne me fasse pas souffrir, c'est à croire que ça lui fait plaisir. Je sais ce qu'elle veut : être sincère, se sentir libre avec moi pour s'épanouir. Mais pendant qu'elle s'épanouit je souffre, elle pourrait mentir un peu pour me montrer qu'elle m'accompagne, qu'elle est prête à prendre en charge une partie du fardeau. Mais non, elle veut tout : sa liberté, l'amour, le bonheur, et quand elle est dans mes bras, quand son odeur un peu acide m'enveloppe, quand je la fais rire, j'accepte toutes les épreuves, je sais que je peux lui donner ce qu'elle demande, c'est-à-dire tout.

Virage 20, il est temps que tout change, que je dépose ma calvitie pour y gagner une boule à zéro. J'ai envie de démonter mon vélo en chantant, le coup de fil a ruiné le soupçon de relaxation que j'avais pu gagner. Je suis capable de faire abstraction des bruits extérieurs, je me concentre sur la respiration abdominale. En 1995, je lâche trois coureurs au virage 20, j'utilise cet élément positif pour augmenter ma confiance.

*

25/01/1996

J'ai réfléchi aux médias que je pourrais utiliser dans le cadre d'un art narratif qui utilise les contraintes que je rencontre.

– La photographie

– La vidéo

– Le texte

– Les objets conservés

– Les installations (les deux derniers médias sont combinables)

Après une première journée – nuit – de travail à la discothèque, les problématiques (dynamiques ou inhibantes) que j'ai rencontrées :

DYNAMIQUES

– Le déguisement : la tenue que je dois porter est mini (... male... maliste). Le costume que je porte ne doit pas me couvrir mais me découvrir (titre d'une installation : « Habits à découvrir »). Il me découvre mais il me fait aussi me découvrir, j'enlève et je suis une autre.

– Le spectacle : je dois être vue, occuper l'espace avec mes gestes, mon apparence, avoir l'expression de quelqu'un qui veut être vu, qui aime être vu. Tout ce que je dois exprimer est étranger à mes critères personnels et répond à une nécessité sociale. Par conséquent, je ne suis plus encombrée par ma subjectivité pour devenir la personne qu'on veut que je sois, celle que les contraintes font naître.

INHIBANTES

– La répétition et la durée des prestations : à court terme ou à long terme, le temps reste mon ennemi. Pendant les premières minutes, j'éprouve tout le détachement dont je suis capable, la forme est vide, je suis bouddhique, j'ai une lecture claire des regards portés sur moi par les danseurs clients. Progressivement, ce détachement est entamé par la lassitude et la conscience de soi, la répugnance gagne. Je visualise ma situation en plan large, en plongée, je me vois danser. La grâce que pouvait apporter ce détachement à mes mouvements s'évapore, je deviens lourde, maladroite.

– L'enjeu professionnel : impossible pour moi, même d'un point de vue légal, de prendre des photos des clients danseurs. Étudier quand même cette possibilité. J'ai pensé aussi filmer puis ralentir les séquences à l'extrême pour hypertrophier les moments de désir les plus intenses dans leurs regards. Même problème que pour les photos, il faudrait faire signer des décharges ou flouter les visages. Très compliqué. À voir suivant la façon dont vont évoluer les rapports avec mes employeurs. L'obligation d'entretenir au quotidien un minimum de relationnel avec l'équipe dilue mes motivations et mon acuité. Mais c'est absolument nécessaire, je ne suis pas de taille à exercer dans le conflit et l'hostilité.

DYNAMIQUE + INHIBANTE

J'échappe à l'aliénation totale, je suis en prise avec mes préoccupations, je sens une vérité (au moins la confirmation de sa nécessité) dans ma démarche. J'ai pris en main les événements qui font ma vie, je ne suis déjà plus une victime. En revanche, la question du choix d'un média est très urgente. Ne jamais attendre la lumière idéale pour prendre une photo.

Retour sur la question des médias : beaucoup de réserves sur photo et vidéo, trop difficiles à imposer. Si j'y parviens, les photos ne devront pas être un témoignage sur ma condition, mais l'objet artistique qu'elle aura produit. Est-ce que je veux réellement aboutir à une expo photo ? J'ai retenu une possibilité plausible : faire circuler un appareil photo (argentique si possible) parmi les danseurs clients avec comme consigne de me photographier. Je peux associer ces images à des petits textes que je consignerais tous les jours (dialogues entendus entre les clients, première phrase prononcée par ceux qui m'abordent, etc.).

Ce n'est que dans cette mesure que l'option texte trouverait sa place.

L'idée m'a effleurée que ces notes finissent par devenir l'œuvre elle-même (c'est difficile de répéter ce mot, mais je n'en ai pas d'autre). Ça me paraît tout de même peu probable et la condition pour que cela se produise, c'est de ne pas y croire. J'aurai le temps de juger de la qualité de ce que je compile et de la façon de l'agencer. Écrire en italien en assumant ma méconnaissance de la langue ?

Peu de pistes autour de l'hypothèse d'une installation. Une idée m'est venue : détacher les filtres de cigarette maculés de rouge à lèvres pour en faire, une fois la collection assez importante, une composition figurative pixélisée par les mégots. Comme ces portraits faits d'une multitude de minuscules portraits. La piste est intéressante, la réalisation minutieuse et chronophage me permettrait de rester concentrée sur le projet (classement des différents tons de rouge dans des petites boîtes, collage sur un support...). Même si j'ai eu peu d'idées, c'est pour une installation que j'ai le désir le plus clair et la réalisation de l'objet me semble à ma portée.

Je suis tellement anonyme ici que parfois l'idée m'effleure que l'œuvre sera posthume parce que je ne serai jamais parvenue à la montrer. Les journaux publieront les indices qui guideront les enquêteurs sur le chemin qui mène à mon corps, comme un jeu de piste. J'aurai figuré l'objet artistique avec des contours francs. Mais je n'ai pas envie de mourir, je suis la folle la plus normale du monde.

Conclusion : le projet va être difficile à tenir sur la distance.

Étudier d'urgence la faisabilité (coût, durée, conditions d'admission) d'une école d'art. Je n'y arriverai pas si je ne suis pas soutenue.

19

Pourquoi je l'ai appelée ? Pourquoi je ruine le peu de relaxation que j'avais réussi à gagner en l'appelant ? Pourquoi je n'apprends jamais rien ? Je sais que je vais regretter ce que je vais dire, pourquoi je le dis quand même ? Je l'appelle de mon plein gré sans que personne ne me demande rien, c'est une entreprise de sabotage minutieusement exécutée. Il y a un petit être maléfique en moi qui est un saboteur ultra-efficace. Mais qui est son chef, qu'est-ce qu'il y a en moi qui fait que les questions ne trouvent jamais de réponses, les problèmes jamais de solutions ? Je sais qu'en course, au bout d'un moment on a de l'expérience, on ne fait plus les mêmes conneries, on sait à quel moment on doit accélérer, on sait comment se cacher si on n'est pas bien. Je n'arrive pas à tirer bénéfice de mon expérience avec Christina. Tout est clair dans ma tête, je sais ce que je dois faire, ce que je dois dire, mais elle me désintègre. Je ramasse des fragments de vécu pour en faire une petite boule d'expérience bien compacte et elle la désintègre. Elle nous sert quand, l'expérience ? Quand on est vieux, quand on ne sert plus à rien comme Charly Gaul ? À l'âge de trente ans Charly a dit : C'est dur de se voir vieillir, froid et pluie ne sont plus mes alliés et dans les cols où j'inspirais le respect et la crainte, j'ai l'impression de tirer un boulet à ma selle, je me retourne tant je crois que quelqu'un me retient. J'ai compris en le lisant qu'un grimpeur vieillit deux fois et meurt deux fois. Charly a dit ça à trente ans, j'aurai trente ans en 2000, je serai vieux pour le vélo en même temps que le siècle, celui des dix-neuf dizaines, celui qui m'a vu naître en 1970 et qui me verra gagner demain en 1997. Ce siècle en 19 est vieux, le virage 19 est vieux. En passant le virage 19, je laisse le vieux siècle, je lui fais de ma jeunesse un hommage flamboyant. Le petit saboteur ne retient jamais ma selle, je me concentre à nouveau sur ma respiration, calme, qui diffuse dans mes membres un flux apaisant. Le virage 19 tourne à droite, ça sent la bruyère et la résine. Pour ma chanson, je vais reprendre la phrase « dans les cols j'inspire le respect et la crainte », ça sonne bien et ce sera un bel hommage à Charly.

Pas si grave pour le coup de téléphone, Christina me supporte depuis un an et demi, elle ne doit pas être plus choquée que les autres fois. Je sais que je penserai à elle jusqu'au virage... 19. Au deuxième virage d'une ascension je rentre chez moi, j'ouvre la porte, je franchis le seuil, referme la porte, l'isolation est bonne, je n'entends plus les bruits de l'extérieur, je ne fais que des choses que je sais faire. Mais jusqu'à demain, virage 19, je vais penser à Christina, à ce que j'aurais dû faire, ce que je n'aurais pas dû dire, je m'emporterai à nouveau seul avec moi-même, je la trouverai tellement injuste, je serai tellement sûr que je ne suis rien pour elle. Et dans le magma de ma colère une image d'elle si belle, émouvante, irrésistible, poindra et grandira. Alors, elle sera de nouveau tout entière et merveilleuse dans mon cœur, et ce sera tellement beau et fort que j'en serai effrayé et je sentirai la colère renaître... Je saurai m'en souvenir : au virage 19, cette légèreté, nouvelle, cette insouciance tant souhaitée rendra ma pédale ailée.

*

05/02/1996

J'ai exploré les possibilités pour intégrer une école d'art dans la région, et c'est désespérant. Je me suis intéressée à la Mosaic Art School en supposant que le premier mot évoquait l'hétérogénéité des étudiants ou de l'enseignement. C'est une école de mosaïque. Ensuite Lab Academy, le côté laboratoire m'a paru engageant, ouverture éventuelle vers l'expérimental, mais c'est un cours de théâtre. Une autre, Lab Art (décidément !), est plus plausible. Ils annoncent : « Diffusion et promotion des activités sur tout le territoire ». Il faut que je m'assure que ça ne concerne pas que la peinture figurative ou la poterie. À creuser, mais il doit tout de même y avoir mieux.

À régler d'urgence : je panique un peu au niveau usure et découragement. Mon projet n'est pas limité dans le temps, il est menacé d'érosion. Là où d'autres ont préparé toute une logistique, je tâtonne pour trouver le bon média, c'est flippant. Ma propre vision de la fonction que j'exerce commence à se banaliser. Il suffit de quelques danseurs et danseuses client(e)s pour que je disparaisse. D'ailleurs une partie de mon travail consiste à laisser croire que je suis une cliente. Une entraîneuse à danser. La potentialité sexuelle crée une sorte d'appel d'air et efface la vision traumatique d'une piste de danse vide. Ma qualité de jeune femme baisable est utilisée d'une manière un peu molle, sournoise, qui offre peu de prise à l'extraordinaire. Il y a quelques jours, en dansant sur le podium, j'ai senti qu'on me touchait. Je me suis retournée pour taper et quand j'ai vu que c'était une femme, je n'ai pas tapé, c'est bizarre. Mais, bon, ce genre de choses peut arriver et ça dessine aussi les limites de ce que je peux faire.

J'ai acheté un petit appareil photo numérique Lumix (l'argentique compliquait trop l'exposition et la mise au point). Si le patron s'oppose à l'idée de le faire circuler je le confierai à un collègue. Mario par exemple, il est assez réceptif à ce genre de trucs.

J'ai commencé à ramasser des mégots. J'ai d'abord sélectionné ceux qui portaient des traces de rouge à lèvres sur place, mais je me suis rendu compte que c'était vraiment trop bizarre pour mes collègues de me voir trier des mégots. Maintenant je vide les cendriers dans un sac et je trie chez moi. Malheureusement, en les classant par nuances de rouge et par intensité, j'ai été très déçue. La palette est étroite et je me suis retrouvée avec trois tas rosâtres. D'autre part, la plupart des filtres ne sont pas assez imprégnés pour créer des contrastes exploitables. Il faudrait que je triche en repassant une couche de rouge à lèvres, à la limite que je les fabrique de toutes pièces. Jusqu'à quel point on peut tricher ? Fabriquer un faux hasard ? Je dois me déterminer par rapport à ça.

Je ne dois pas me laisser aller au découragement, c'est ma survie qui est en jeu.

Conclusion : reformulation du problème. Comment transformer la nécessité en contrainte ? Je suis devant un problème de genre et un problème de classe. Je ne fais pas partie d'une classe sociale où on a confiance dans sa créativité. Je n'ai pas le cœur à grand-chose, je vais me saouler.

18

Une insouciance nouvelle, qui devrait me rendre capable d'avoir une conversation avec elle qui lui fasse oublier la précédente. Être drôle, ne pas bafouiller, ne pas lui demander avec qui elle boit un verre, et surtout profiter de l'heure qui vient pour m'endormir. Elle danse pendant une heure, je ne peux pas la rappeler, je peux évacuer cette pensée. Mes jambes sont lourdes, ma respiration maîtrisée, j'ai de plus en plus confiance en moi, le virage 18 tourne à gauche, en roulant sur la partie droite de la route je peux bénéficier d'un peu d'ombre. Je me souviens avoir noté qu'au virage 18, j'ai gravi un dénivelé qui égale la hauteur du *grattacielo* de Cesenatico.

En été, on jouait souvent au foot sur la plage, à l'heure où les touristes la quittent, quand il fait un peu moins chaud. On jouait beaucoup parce que 1986 était une belle année de foot, le Milan AC, mon Milan avec Baresi et Paolo Maldini, n'avait perdu ni contre l'Inter ni contre la Juve. Dans ma tête, j'étais Maldini, je survolais les matches, tous les jours à la plage j'avais les yeux verts et un pied gauche de fou. Comme souvent, le ballon est sorti des limites qu'on avait tracées dans le sable, a roulé jusque sur la serviette d'une jeune fille accompagnée de ses deux amies. Bien sûr, c'est mon copain Andrea qui s'est précipité pour le récupérer et, bien sûr, il a engagé la conversation. Les joueurs s'impatientent, les quolibets d'usage fusent, Andrea renvoie le ballon et s'assied avec les filles. J'étais content de ne pas être avec lui, à me taire et regarder mes pieds de peur qu'une des filles soit trop audacieuse. La partie de foot s'est achevée, les joueurs ont quitté la plage par petits groupes et quand le type à qui appartenait le ballon est parti lui aussi, j'ai été obligé de rejoindre mon copain. Il m'a présenté – ce que je redoutais – comme un espoir du cyclisme romagnol, autant dire un gros péquenaud. Elles étaient milanaises et je sais ce que représente un espoir du cyclisme romagnol pour une Milanaise, mais elles n'ont été ni arrogantes, ni condescendantes, plutôt sympathiques. Pour m'écarter du groupe et me débarrasser de l'odeur de transpiration due au foot, j'ai dit je vais me baigner, c'est l'heure la plus agréable. Le groupe a décidé que c'était une bonne idée, sauf la fille qui s'appelait Agata, qui nous a quittés. L'eau était délicieuse et la mer étale car tout est plat à Cesenatico, exception faite du *grattacielo*. Je me suis allongé à la limite du ressac, les vaguelettes venaient lécher la plage, chaque reflux enfonçait un peu plus mes coudes dans le sable. J'observais Andrea et une des filles s'embrasser en me demandant combien de temps il faudrait pour que je sois totalement ensablé si je restais là. L'autre est venue s'étendre à côté de moi, tu n'es pas bavard, m'a-t-elle dit, j'ai répondu comment tu t'appelles ? Christina. L'affaissement progressif de mon coude a fait que nos bras se sont effleurés. Pour ne pas retirer le mien trop brusquement et pour contenir un début d'érection, je me suis levé en lui proposant d'aller prendre une glace. Nous avons enfilé nos jeans, elle a rassemblé ses quelques affaires, elle était encore plus belle habillée. Nous nous sommes dirigés vers la Gelateria del Porto en faisant un petit détour pour éviter la baraque à *piadine* de ma mère. Je me sentais en mesure de surmonter le handicap d'avoir été présenté comme un cycliste régional, je ne voulais pas y ajouter celui d'être le fils d'une vendeuse de sandwiches. L'adolescence est orgueilleuse. Par bonheur, Christina soliloquait à propos de la chance que j'avais d'habiter ici, que Milan était étouffante l'été et qu'en plus, tous ses amis étaient partis en vacances, que c'était d'un ennui mortel. Je me suis abstenu de lui répondre qu'elle saurait ce qu'ennui mortel veut dire si elle avait passé un hiver à Cesenatico. Au lieu de quoi j'ai dit c'est vrai, j'ai de la chance. On a mangé nos glaces sur une des tables hautes disposées sur le trottoir. Je lui ai fait remarquer qu'elle avait un peu de crème glacée sur la lèvre supérieure en tendant un doigt pour l'essuyer, elle a pris ma main et l'a embrassée, j'ai gardé sa main dans la mienne et nous avons continué notre chemin, sans savoir où nous allions. Au pied du *grattacielo*, je me suis rendu compte que c'est là que mes pas nous avaient guidés, je connaissais une porte sur le côté du bâtiment, toujours ouverte, qui donnait accès à l'escalier de service. La porte franchie, nous nous sommes embrassés, le subtil sucré-salé de l'eau de mer et des *gelati* sur ses lèvres a fait de ce baiser le premier que j'ai aimé, je l'ai entraînée dans l'escalier. Après avoir monté trois étages à vive allure, Christina m'a demandé pourquoi on ne prenait pas l'ascenseur. L'ascenseur est réservé aux résidents, il faut une clef pour le faire fonctionner. On a monté encore deux étages à un rythme soutenu, tu sais, une vue comme celle qu'on a en haut, ça se mérite. Encore deux étages, moins vivement, au bout desquels je l'ai sentie se rembrunir. Je l'ai portée pour grimper encore deux étages, j'ai pensé à une ascension nuptiale, l'image m'a embarrassé, je l'ai posée au sol, nous en avons gravi deux autres, mais j'ai senti que le cœur n'y était plus. C'est comme aujourd'hui au téléphone avec Christina, au lieu de raccrocher après lui avoir payé une glace, je la fatigue dans des étages qui ne regardent que moi. Je ne peux pas appeler Christina, elle danse. Je respire avec le nez, toutes mes facultés sont dynamisées. Il reste combien d'étages ? Vingt-six. J'ai dit vingt-six et elle a posé sur moi un regard épouvanté. Elle n'a rien dit, son regard disait tu es un monstre, un fou, tu n'es pas normal ! La minuterie s'est éteinte et je l'ai entendue dévaler les marches. Christina, Christina, reviens, la réverbération de ma voix dans l'escalier ajoutait au tragique de la situation, l'écho de ma soudaine solitude. En y pensant, je note qu'il ne m'est pas venu à l'idée de la rattraper ni d'interrompre mon ascension. L'espoir du cyclisme dans le noir et le son des pas de la Milanaise qui disparaît dans les profondeurs. Elle a fait un tiers du chemin, elle était au virage 14, il suffisait de tenir encore un peu pour voir les parasols des *bagni* alignés comme des allumettes de couleur dessiner une mosaïque sur la plage, les imaginer en légions romaines qui arpentent le sable d'Égypte, voir l'ombre parfaitement rectangulaire de la tour s'allonger dans la mer et la brise des hauteurs nous rafraîchir pendant le sexe. Encore deux fois ce que tu avais monté, et on se retrouvait seuls au monde à lire le sillage des bateaux comme des traits de plume. Tu vois, après cette plage, c'est là que je vais pêcher la rascasse, et là, dans les blocs de la jetée, les poulpes se réfugient. Elle aurait vu le soleil se coucher derrière les collines de Monte Castello. J'ai lâché Christina 1 au virage 18, celui où j'ai lâché Elli en 1995, j'allais seul tout en haut et Christina 1 sucrée salée en bas avec les autres. J'ai envie de démonter mon vélo, j'ai envie d'appeler Christina – la vraie – et j'ai de moins en moins envie de dormir. J'ouvre les yeux, je ferme les yeux, dans l'obscurité je ne sais plus si mes yeux sont ouverts ou fermés, je change de position. Plus aucun torrent de plénitude ne glisse dans mon corps, je change encore de position mais ma hanche me fait toujours mal, je ne suis même pas sûr que c'est un chat qui est passé sous mes roues. Je n'ai pas eu le temps de voir que c'était un 4 × 4 qui m'a envoyé à l'hôpital l'an dernier, on sait rarement ces choses-là. Je n'ose pas regarder l'heure, tout mon corps réclame du repos et ma tête lui refuse. La rumeur de la circulation sur la rocade et la climatisation s'accordent, rythmées par de rares montées d'ascenseur. Plus un bruit d'être humain, plus de pas dans le couloir, il doit être tard. Pas si tard, sinon la circulation sur la rocade aurait presque disparu. Beaucoup de ces conducteurs doivent avoir peur de s'endormir au volant et moi, dans un lit, j'ai peur de ne pas m'endormir. C'est très mal foutu. Les journées sont si difficiles, on devrait pouvoir dormir la nuit, toujours. Quel démon nous torture, quel plaisir y trouve-t-il ? Personnellement, je ne m'endors pas non plus au volant d'une voiture, j'ai conduit douze heures sans m'arrêter l'année dernière et je n'ai jamais eu sommeil.

*

09/02/1996

Déception, accablement.

J'ai eu l'autorisation de faire circuler mon appareil photo. Giancarlo, le patron, m'a dit tant qu'il y a du monde sur la piste de danse, tu fais ce que tu veux. J'ai pris le parti de danser avec l'appareil à la main et je l'ai tendu aux danseurs clients quand j'arrivais à accrocher leur regard. Je leur ai fait comprendre avec des gestes que je leur demandais de me photographier. Une petite dizaine s'y est pliée, j'ai aimé le geste, j'ai eu l'impression que quelque chose se produisait, que je bousculais l'ennui et la répétition qui nivellent tout. Ce matin, j'ai regardé ce qui avait été fait, c'est illisible. Le podium n'est pas assez haut, on ne comprend pas que je suis le sujet, et le flash qui se déclenche à chaque fois aplatit complètement l'image. On voit surtout les ombres portées sur le mur du fond et les yeux rouges. À la limite, le plus intéressant c'est les yeux rouges, on dirait une armée de zombies. Je n'ai pas assez approfondi le dispositif, ça ne donne absolument rien, je suis déprimée.

Je reproduirai cette expérience quand j'aurai accès à un espace d'art contemporain. Je reproduirai exactement les conditions de voyeurisme auxquelles je suis soumise en décalant la position des participants. Reconduire le dispositif en les impliquant de manière moins passive. Les visiteurs de l'installation pourraient par exemple repartir avec une photo papier que je dédicacerais « Affectueusement, ton vagin ».

Ça ne pouvait pas marcher dans ces conditions, j'aurais dû m'en douter. J'ai voulu y croire parce que je n'avais pas d'autres idées. Il faut que je trouve autre chose très vite, sinon j'arrête ce boulot et je ferai fructifier l'expérience plus tard en la rejouant.

Conclusion : me donner un délai raisonnable pour trouver de nouvelles idées et démissionner si je n'ai rien trouvé dans ce délai. D'ici là, me renseigner sur les bourses qui existent et dont je pourrais bénéficier. Si je combine avec un mi-temps, ça peut payer l'école.

Je suis peut-être dans une impasse, peut-être que rien de ce que j'ai imaginé n'est valable. Je dois pousser plus loin ma réflexion pour ne rien regretter. Quoi qu'il en soit, pas de panique, je ferai quelque chose de cet épisode un jour ou l'autre. Je me rends bien compte qu'il est un peu présomptueux d'utiliser les événements d'une vie si ordinaire pour créer un événement artistique. Je n'ignore pas, je surmonte, je dompte.

On est le 9 février, je me donne deux semaines pour produire quelque chose d'encourageant. Je suis seule, je ne suis pas aidée, c'est difficile.

17

Quand je suis rentré à Cesenatico en 1995 après le Tour, j'ai reçu une lettre et j'ai tout de suite eu l'intuition qu'elle était de Charly. J'ai reçu des centaines de lettres d'admiratrices, d'admirateurs, de détracteurs orduriers et celle-ci. Un plan mal dessiné, j'ai d'abord cru qu'elle avait été écrite – dessinée – par un enfant ou un déficient mental. Une carte au trésor approximative, une rivière qui serpente de haut en bas d'une feuille jaunie, un en-tête biffé qui laissait lire *Garage Ford Euro Motor.* Entre deux villages une route se divisait deux fois pour atteindre un rectangle légendé *MAISON*. Au bas de la feuille, sous le dessin, un seul mot : *Viens. C.*

Je ne l'ai jamais jetée, jamais rangée, elle est restée sur mon bureau d'écolier dans ma chambre chez mes parents avec d'autres courriers dont ma mère finit toujours par s'occuper et que je ne regarde jamais. Quelques mois plus tard j'étais désespérément amoureux de Christina. Désespérément parce que la panique que j'éprouvais à l'idée de la perdre avait pris toute la place dans ma tête, mon cœur, ma vie. On avait passé toutes les nuits ensemble depuis notre rencontre, je ne pouvais pas l'amener chez mes parents et je savais qu'il faudrait que je la laisse seule bientôt pour qu'elle continue à m'aimer. C'est tellement bien chez Christina, une chambre et une deuxième pièce qui lui sert d'atelier, des photos d'elle avec des gens qui m'intimident sans les connaître, du thé. Je ne comprends pas qu'on puisse prendre un thé au lieu d'un café, mais chez elle j'en bois, juste pour mettre comme elle les deux mains autour de la tasse. Quand elle fait ça, elle enfonce un peu la tête dans ses épaules, on ne voit plus rien de son visage. Les peintures accrochées ou posées le long des murs m'intimident aussi. Je ne les comprends pas, je ne les trouve même pas belles ni laides, mais, tout cela ensemble, c'est chez Christina. Christina est danoise, les gens là-bas ont des intérieurs en bois, il doit y faire chaud, ils doivent s'y consoler des rigueurs de l'extérieur. Ce qui fait que je n'ai jamais envie de partir de chez elle, surtout pas pour retourner chez ma mère. Je ne sais pas du tout où aller chercher la détermination nécessaire pour prendre la décision de dormir chez mes parents plutôt que chez elle. Aucune idée. Pourtant je ne pouvais pas traîner là tous les soirs jusqu'à ce que ce soit elle qui me demande de ne pas venir, on n'est pas obligé de faire toujours les mêmes erreurs, surtout pas avec Christina. L'idée de me retrouver au petit déjeuner avec Tonina au lieu de tenir un thé fumant entre mes deux mains anéantissait les résolutions que je n'avais pas encore prises, et c'est dans cette impasse que je me suis souvenu de la lettre. *Viens. C.* La carte au trésor, le moteur idéal pour vaincre ma faiblesse, un bon allié pour armer mon courage.

Virage 17, je mets une grosse accélération, j'ai le plaisir d'activer tous mes muscles avec efficacité, je dépasse encore trois coureurs, je suis supersonique, on dirait qu'ils reculent. Accélérer encore, ne pas avoir peur que Christina disparaisse quand je ne la vois pas, lâcher le petit Elefantino qui aurait eu la faiblesse de rester encore une nuit, puis une autre. Virage 17, pleins gaz, je prends les commandes, je loue une voiture, je prends la route. On m'a toujours emmené partout, je ne me suis jamais conduit nulle part, sauf à vélo. Là, au virage 17, c'est moi qui décide de la destination, c'est moi qui conduis. *Se bastasse una buona canzone,* le son est dingue en voiture. Mes CD *Hit Parade Italia 80/90* durent presque trois heures chacun, je suis encore en train d'écouter le même depuis la frontière suisse. J'ai appelé Christina près de Stuttgart, je l'ai fait rire. Mes béquilles sur la banquette arrière et le cœur léger, je faisais enfin quelque chose que j'avais décidé seul, je conduisais très vite en plein hiver dans une campagne brumeuse et immobile, une palette de verts sombres que l'obscurité mangeait à la moindre brèche : un chemin qui s'enfonce dans les bois, un étang sans une ride. Le soir tombait quand un monstre noir, démesuré, a émergé lentement derrière le mur qui longeait la route. L'usine ne finissait plus d'enfler, fumante et hostile, source de toutes les brumes. Dans l'habitacle, je suis isolé sans me sentir seul, protégé dans un milieu hostile, en sécurité à haute vitesse, la voiture est un miracle. Quand je raccrocherai le vélo, je traverserai l'Europe en voiture, je passerai mon temps à ça pour aller rejoindre Christina ici ou là, rejoindre Christina qui mènera sa vie heureuse ici ou là, je la rejoindrai éternellement. Je serai heureux que sa liberté l'amène ici et là, je la rejoindrai léger, et elle rira. Comment font les gens d'ici pour aimer leur terre ? Les villages ne ressemblent à rien, les usines sont effrayantes. Je comprends mieux pourquoi ils font 1 000 kilomètres en été pour venir à Cesenatico, jouir de sa platitude à angle droit. La brume et la nuit m'attendaient à la sortie de l'autoroute, le CD s'est arrêté quelques kilomètres plus loin. J'ai sorti le plan de ma poche, senti le trac monter en voyant sur un panneau indicateur le nom d'un des deux villages. Je viens d'entrer dans le plan, je ne peux plus faire demi-tour, il n'y a pas d'hôtel, je suis plus tendu que je ne le serai demain avant l'étape. Pas de panique, virage 17, je monte et je lâche, je scotche, j'ai de plus en plus confiance en moi, j'accélère vers ma liberté. J'ai fait un aller-retour entre les deux villages avant de prendre le seul chemin qui correspondait aux indications, je l'ai manqué une première fois parce qu'il ne me paraissait pas carrossable. Il s'enfonçait dans la forêt, mes phares éclairaient les troncs. D'abord un peu empierré et précisé par une bande centrale herbue, le chemin devenait progressivement plus flou, jalonné de flaques et creusé d'ornières. J'avançais moins vite qu'au pas, j'étais directement en contact avec la racine affleurant ou la pierre plus grosse que les autres sous mes pneus. Je me suis aperçu que j'étais beaucoup trop penché sur le volant, les doigts crispés, le regard cherchant à percer l'obscurité alentour, les détails du chemin et dans une ornière plus profonde que les autres, le moteur a calé. Le silence de la forêt s'est abattu sur moi, je suis précipité dans le silence, je me ressaisis et remets le contact. J'ai une relation intime avec l'adhérence, aucun grimpeur ne peut rester dans une ornière. Le chemin se divise en deux comme l'indique le plan, la végétation le recouvre entièrement, il ne reste que les petits talus de chaque côté pour le deviner. J'hésite à continuer en voiture mais la maison est peut-être encore loin et il fait si noir. Et je ne veux pas retrouver ce silence. Une grosse pierre racle le bas de caisse, l'appréhension monte d'un cran, je ne me laisse pas distraire de la transe qui me fait piloter la voiture centimètre par centimètre, je suis un orfèvre de l'embrayage. La futaie s'épaissit, des buissons forment une chicane, les branches crissent contre la tôle et une Ford Escort apparaît dans le faisceau de mes phares, puis une porte et une lucarne éclairée serties dans la végétation. J'ai attendu que quelqu'un sorte avant de m'extraire de l'habitacle avec une béquille qui s'enfonce plus que mes pas dans l'humus détrempé, je crotte mes Nike jusqu'à la porte et je ne sais pas quoi faire parce qu'il n'y a pas de sonnette et que personne ne vient à ma rencontre. Le silence est total, il aurait dû m'entendre arriver depuis la route, il devrait se découper dans l'encadrement de la porte, les bras ouverts. Peut-être qu'il dort, je frappe mais l'épaisseur de la porte amortit le son, rien ne se passe alors je l'entrebâille. Un gros homme rougeaud est assis sur un fauteuil à l'autre bout de l'unique pièce, collier de barbe et lunettes ; un retraité. Il ne tourne pas la tête vers moi, il dit : Marco !

Rien d'autre pour s'asseoir qu'un pouf marocain en cuir craquelé, un peu raide, et nous avons regardé le feu en silence. Un évier près de la porte d'entrée, quelques ustensiles de cuisine sur une étagère, pas de table, trois piles de livres à même le sol, un lit très sommaire et sur la poutre qui surplombe la cheminée, une assiette décorative Tour de France 1958 et un portrait de Jean-Paul II. Le feu de la cheminée et une sorte de lampe à gaz sur l'évier comme seules lumières, il n'a apparemment pas l'électricité. J'hésite à le regarder, il attend peut-être que j'engage la conversation, j'essaie de me décontracter. Le « Marco ! » de bienvenue était plein de fraternité, je ne sais même pas s'il parle italien, je vais le laisser faire, c'est mon hôte. Je suis abruti par des heures de route, alors quoi de plus normal que se détendre en silence près d'un feu ? Je m'absorbe dans le scénario de la bûche qui se consume en rougeoyant plus ou moins, comme des pulsations, une flammèche surgit, vacillante, s'éteint, la bûche rougeoie... L'hypnose vaut celle des pointillés, les braises font revenir le souvenir de l'aciérie. Je tourne mon regard vers lui, il est comme moi, c'est n'importe qui, c'est le mec qui est au bar, le comptable acrimonieux. Il tourne la tête et me regarde avec un profond intérêt. Profond ou sincère ou bienveillant, je ne sais pas. Comment ça va ta jambe ? Il parle, je ne comprends presque rien mais ça ressemble à de l'italien. Ça va aller. Il a replongé son regard dans le feu, profondément, il m'a semblé pour toujours.

Bon, je veux bien qu'on parle peu, mais pas du tout, ça me rend nerveux. C'est-à-dire qu'au bout d'un moment, je vais m'emmerder très fort et en plus j'ai faim. En scrutant la pièce, je ne vois aucune autre porte que celle de l'entrée. Où est-ce que je vais dormir, avec lui ? Dans la voiture ? Il y a peut-être un hôtel à proximité.

Il faut que je me concentre là-dessus : le souvenir d'avoir été si fatigué et sans lit, ça m'aidera à m'endormir. En Italie, tu peux arriver chez n'importe qui après douze heures de route, on va t'offrir du salami, au moins un coup à boire. Je ne peux pas lui demander à manger comme ça, sans qu'on ait échangé deux phrases. J'essaie : je vous invite au restaurant. Ça l'a fait beaucoup rire. Un restaurant, quel restaurant ? Il a soulevé son embonpoint du fauteuil en soufflant, plein de colère et d'amitié, il a rempli deux verres d'alcool verdâtre. Un alcool de chasseur avec un cerf sur l'étiquette. On était mieux debout, on est toujours mieux debout quand on ne parle pas. On peut faire trois pas vers la lucarne, regarder dehors, s'absorber dans le noir absolu, trois autres pas pour présenter ses mains aux flammes. Je n'ai rien fait de tout cela parce qu'il m'a enlacé fermement. Je sentais le contenu de son verre me couler dans le dos, c'était l'étreinte d'un homme peu habitué à la tendresse, trop puissante et trop longue. Je ne faisais rien avec mes bras, il m'a pris comme un pantin, un observateur aurait pensé qu'il me soutenait. Il sentait la résine et l'humus. Il s'est écarté et m'a regardé sans gêne. *Wat huet Iech* décidé à venir ? Il a servi deux autres alcools, as toujours tu déjà lu un livre ? Je n'ai jamais entendu quelqu'un prononcer l'italien de cette manière mais je crois qu'il m'a demandé si j'avais lu un livre. J'ai pensé à Christina, ma danseuse de discothèque qui en a lu tant. Je préfère, à ses yeux, être celui qui n'a jamais lu un livre que celui qui en aura toujours lu moins qu'elle.

Il m'a dit moi non plus, jusqu'à la dernière année. L'homme se lève, demande le mystère, je l'ai lu. Cela est vrai tant pour le lecteur que pour le cycliste.

Heureusement qu'il ne semblait pas attendre de réponse parce que je n'ai presque rien compris. J'ai saisi les mots individuellement mais pas ce qu'ils faisaient ensemble. Il est allé remettre une bûche dans la cheminée et a repris sa place dans le fauteuil, j'ai décalé un peu le pouf avant de m'asseoir pour ne pas avoir l'impression d'être à ses pieds. Il a bourré méticuleusement une petite pipe avec une boulette noirâtre et l'a fumée, il inspirait longuement et craquait une allumette à chaque bouffée. Il a rechargé la pipe encore chaude.

Tu as faim ?

Oui.

Alors, fume.

*

11/02/1996

Trois jours de déprime. C'est très bien. Grâce à ce découragement, je suis en colère, j'y vois plus clair, je suis plus radicale. Je suis moins encombrée par mes constructions intellectuelles, je peux laisser affleurer des ressentis parfois cuisants mais souvent justes. Par exemple, j'ai digéré le fait que je ne suis pas en mesure, aujourd'hui, de tirer de ma vie un art narratif. Je n'ai pas les moyens de sublimer la nécessité. J'ai cru que le désir seul me permettrait d'y arriver, mais le hasard n'est productif que si rien en amont n'a été laissé au hasard. Concrètement, le seul recours qui me reste pour ne pas devenir folle, c'est écrire. Au moins consigner les idées qui me viennent et les développer un minimum, constituer un répertoire dans lequel je pourrai puiser quand je serai en mesure d'exposer (idée de titre : « Explosition »).

Une satisfaction : je constate que, malgré l'adversité, ma détermination à produire quelque chose ne vacille pas.

La boîte où je travaille s'appelle l'Energy. Cela m'a fait penser à un dispositif – à inventer – où les mouvements des danseurs produiraient l'énergie nécessaire à la diffusion de la musique.

Le patron de l'Energy, donc, nous a mobilisés pour la soirée de la Saint-Valentin. Il faut que les gens boivent et, pour qu'ils boivent, il faut qu'ils dansent, dit-il. Commercialement, c'est une fête qui est importante, ça m'a incitée à me renseigner sur les bases de l'histoire. Les historiens s'accordent sur l'origine païenne de la fête (les lupercales) et la récupération, chrétienne d'abord puis commerciale.

À retenir :

– On sacrifiait un bouc et un chien dans une grotte, des jeunes hommes trempaient des lambeaux de peau dans le sang des animaux sacrifiés et parcouraient la ville pour fouetter les jeunes femmes afin de les rendre fécondes.

– Saint Valentin est un martyr.

– Claudius II, son bourreau, avait interdit le mariage à ses soldats pour les garder mobilisés.

Approfondir le rapport entre le sang des menstruations et celui du sacrifice.

Pourquoi associer un bouc et un chien, de quoi sont-ils le symbole ?

Les femmes qui veulent devenir fécondes vont au-devant d'une flagellation molle et sanglante.

Le rapport en général entre le sang et la fécondité (la création est toujours un jeu avec le sexe, la violence et la mort).

Féconder une toile avec des lanières de sang ?

L'état amoureux est symbolisé par un martyr qui fut thaumaturge. L'amour fait-il des miracles et des martyrs ? Claudius II interdisait-il le mariage parce qu'il (l'amour, le mariage) dépossède l'homme de son agressivité ?

Si le sang a un rapport avec celui des règles (ou de l'accouchement), la femme est à la fois bouc et chien, lubricité et gardienne des enfers ?

Quelles sont les ressources symboliques de la Saint-Valentin ? Retrouver les rituels archaïques et réfléchir à une installation.

16

On a pris l'un et l'autre assez de substances pour pédaler vite et longtemps, quand il m'a tendu la pipe, il n'y avait aucune raison pour que je refuse. Et puis j'avais très faim.

En réalité là aussi je commence à avoir faim, j'espère que je vais m'endormir assez rapidement parce que quand j'ai faim, c'est impossible. Je n'ai pas d'exercice de sophrologie pour ça.

Il a gratté une allumette, j'ai fumé exactement comme lui. Ensuite j'ai eu à nouveau un petit trac, celui qu'on a quand on ne peut plus revenir en arrière. La flamme vacillante s'est éteinte, le tison a rougeoyé au rythme de ma respiration, parfaitement synchronisé, mon souffle s'apaisait avec la combustion déclinante. Je maîtrise ma respiration, mon bras droit est lourd, mon bras gauche est lourd. Les sons ambiants se sont divisés en plusieurs strates nettement organisées : le vide, le vrai silence entre les plaques de sons, la complexité de la plaque « feu » avec feulements, crépitements, tapis de basses. Les paupières closes, je pouvais réorganiser les plaques dans l'espace, m'approcher ou m'éloigner en éprouvant le contact soyeux du vide. Je suis revenu à la réalité quand mon buste a dépassé son point d'équilibre, j'ai failli tomber du pouf. Mais bon, aucun problème, j'étais tout à fait dégagé de la petite paranoïa relationnelle qui fait pourtant mon quotidien. En même temps j'ai repris conscience de la présence de Charly, il avait l'air, lui aussi, dans une petite bulle satinée, l'idée de produire une conversation était évacuée, celle de remettre une bûche, nous la partagions intimement. Il savait que je savais qu'il fallait remettre une bûche tout en sachant que je savais qu'il maîtrisait totalement l'évolution du feu et nous avions une grande complicité autour de cette affaire. La flammèche a ressuscité, des sons identifiables, comme le cri de la chouette, perlaient le silence de la forêt, d'autres plus abstraits : effleurement de branches, froissement de buissons.

Tu es amoureux ?

Oui.

C'est très étonnant ce que donne l'italien avec l'accent luxembourgeois, on dirait une nouvelle langue.

C'est pour ça que tu es venu, tu crois tu ne la mérites pas.

Et là brusquement je comprends la phrase qu'il a prononcée auparavant : l'homme s'élevant s'informe du mystère. Je la comprends physiquement, avec mon corps. Je la comprenais depuis toujours, la vibration suffisait mais je ne le savais pas.

Ma jambe gauche est lourde, ma jambe droite est lourde, mes deux jambes sont lourdes, j'imprime des images positives. En 95, je lâche le groupe Virenque au virage 16, après je suis seul, je suis libre, je suis heureux, le bonheur d'être en haut commence au virage 16. Des maisons, un petit verger, on tourne à gauche dans l'odeur du foin coupé. Je pourrais rappeler l'Energy et leur donner le numéro de l'hôtel pour que Christina me rappelle, je préfère quand c'est elle qui téléphone. Mais je vais être impatient, inquiet, la mécanique elle ne pense plus à moi / elle se moque de moi / elle boit de l'alcool avec Mario va se remettre en marche.

Oh, j'ai oublié Marco, il doit dormir maintenant, il a une course demain, sers-moi un autre gin-tonic, Mario, tu les fais si bien, si Marco appelle, dites-lui que je suis partie.

Je ne vais pas appeler l'Energy. Au virage 16 je m'élève, je lâche tout le monde, j'accélère, je ne retombe pas dans la fange de la vallée, Christina 1 est déjà redescendue du *grattacielo*. Je m'élève et je m'informe du mystère, je ne pense plus à rien, je m'élève et je m'endors.

Il a remis une bûche dans la cheminée, je me sentais tellement bien, aimé, compris, enrobé d'une indulgence infinie. En fermant les yeux, j'étirais à volonté l'instant insaisissable qui nous fait basculer dans le sommeil, j'ondulais de part et d'autre de la ligne qui sépare la conscience de l'inconscience. Un écart d'un côté ? Hop, une petite acrobatie, rétablissement, bravo Nestor. Tiens, il est assis, mais alors combien de temps a pu s'écouler depuis la bûche ?

Viens m'ouvrir ta voiture.

On s'est dirigés vers la sortie et j'ai remarqué que, pour la deuxième fois, je marchais sans béquilles. Le froid m'a enveloppé sans m'agresser, il n'était pas en relation avec le fonctionnement de mon corps, c'était une abstraction. J'ai appuyé sur le bip accroché à la clef de la voiture, bref cataclysme orange dans la clairière, double flash pour saisir le décor, clic-clac et re-noir. Ouvre le capot. Il a fourragé dans le moteur de sa Ford Escort, je le localisais au son. Ensuite, il a fait à peu près pareil dans le moteur de ma voiture, il a branché deux câbles, s'est relevé près de moi et plus rien ne s'est passé.

Chut, ne bouge pas.

Je sentais mes baskets s'enfoncer dans la boue sans oser soulever un pied pour respecter la consigne. Je n'entendais plus rien de sa présence, juste le murmure infime de la forêt. Un invraisemblable fracas a déchiré le silence. De branches cassées, de feuilles froissées, de grognements, d'ahanements, de sol martelé, de corps en lutte. Une bête humaine prise de folie qui convulserait dans les fourrés en hurlant toute la férocité et la douleur de la terre. Le vacarme s'est transformé en halètement, une boule de tension énorme qui s'éloignait vers la maison, une porte qui s'ouvre suivie de rafales de bois piétiné, de planches heurtées, et puis plus rien. Mon sang qui bat dans mes oreilles, nos respirations qui ralentissent, une chouette.

Dans la maison il a sorti d'une caisse un autoradio à cassettes qu'il a relié au fil électrique qui passait par la fenêtre pour rejoindre, probablement, les deux cosses de ma batterie. Définitivement, il n'a pas l'électricité. La deuxième pipe a agi sur mon âme comme un baume sur une blessure mais je tremblais encore, de froid et d'émotion. Je ne me suis pas assis, je me suis allongé, la tête calée contre le pouf, et je suis reparti chevaucher la ligne de conscience. Soudain le chant des anges a saturé la pièce, une pluie de lumière, une brume de son, des écharpes d'arpèges sillonnaient l'espace. Une détonation d'anges qui s'épaissit dans les graves, un autre angelot, tout seul, qui brode une mélodie. Puis une voix grave, ferme, et mon ami sur son fauteuil, échevelé et boueux, égratigné et constellé de brindilles, l'orgue qui redessine les limites de la pièce. Tout retombe, et le son de l'orgue, seul, monte une coupole au-dessus de nous. *Miiiiiiiiseeeeeeeeeericoooooordiiia*, ils allongent les mots à leur guise, ce que je prenais pour un couplet, c'est un mot ! Maintenant, je comprends les mots, ils se sont dilatés pour qu'on ait le temps de les comprendre, il fallait y penser. *Pooooooteeeeeeeeeeentes*, les puissants qui s'avancent avec leurs troupes en écho, il a déposé les puissants et il a élevé les humbles, Monteverdi, virage 16. Je recule un peu le pouf, cale mieux ma tête et dérape souplement vers l'inconscient dans lequel je sombre.

Je me suis endormi en même temps que je me souvenais m'être endormi. Je suis sûr que je me suis endormi une fraction de seconde, c'est le premier assaut du sommeil et s'il est venu, même une fraction de seconde, il reviendra. J'ai moins peur de regarder l'heure : 00:33. Ça va, si je m'endors dans l'heure qui vient, j'aurai presque fait une nuit normale. Et je sais qu'elle danse, pas la peine de l'appeler, on verra pendant sa pause... si je ne dors toujours pas.

J'aimerais tant sombrer dans le sommeil sans rêves duquel m'ont arraché des hurlements stridents ce matin-là. Je suis souvent allé à la chasse avec mon grand-père, j'ai su tout de suite que j'étais réveillé par les cris d'un sanglier. Quand je suis sorti dans la cour, la bête avait arrêté de gueuler, elle était suspendue par les pattes arrière contre la porte qui avait dû la retenir prisonnière pendant la nuit et se vidait de son sang dans un baquet douteux. Charly la tenait par les oreilles, un couteau dans la main droite, et tirait la tête en arrière pour faciliter l'écoulement du sang jusqu'à ce qu'il n'y ait plus qu'un filet visqueux accroché aux poils du groin. Le sang du marcassin répandu autour du baquet collait la boue.

J'ai saigné tant de cochons que j'ai lâché des coureurs dans ma vie, tuer et grimper, c'est les deux choses apprises par moi.

Il a dit ça distraitement en éventrant le sanglier, les viscères ont glissé les uns sur les autres, il les a retenus à pleines mains pour qu'ils n'éclaboussent pas exagérément en tombant dans le baquet de sang. Il a embroché le marcassin sur une tige en fer en disant ça m'a toujours fait mal de lâcher un coureur dans un col et ça m'a toujours fait mal de tuer un animal. Il a posé la barre dans l'échancrure des chevalets qui encadraient le feu pour commencer à raser les soies avec son couteau, le sang sur ses mains séchait à la braise en brunissant, ses cheveux étaient restés dressés sur sa tête et retenaient des brindilles, la boue de la veille avait séché un peu plus claire que le sang. Un de ses bras ne présentait plus aucune surface de peau apparente. Je découvrais sous un jour gris une petite maison et une cour boueuse, la forêt accrochait encore des lambeaux de brume.

Viens, on va se laver.

J'allais me diriger vers la maison mais il est parti dans la direction opposée, on s'est enfoncés dans une forêt moussue, gorgée d'eau. Les forêts de Cesena sont pierreuses, sèches et noueuses, ici c'est une humidité propice aux grouillements, à la moisissure et aux limaces qui me dégoûtait vaguement ; je préfère l'idée de sécher à celle de pourrir. C'est peut-être de ça que Charly a voulu sortir en grimpant : sécher, évaporer les humeurs. Il descendait devant moi une pente qui commençait à devenir très escarpée, on devait parfois se retenir à une racine qui tachait les mains. Charly m'a paru beaucoup plus agile que sa silhouette le laissait supposer. Il fallait maintenant contourner des roches abruptes enchâssées dans des troncs, nous arrivions sur un replat où il s'est déshabillé entièrement. On apercevait une rivière à travers les feuillages, j'ai écarté une branche pour regarder son gros corps blanc s'enfoncer lentement dans l'eau. Il remontait le courant en marchant vers le milieu de la rivière pour se laisser emporter quand l'eau devenait assez profonde. Je l'ai rejoint, suffoqué par l'eau froide, je me suis agrippé à une pierre et je me suis étendu dans le courant qui glissait sur mon crâne, faisait vibrer mes oreilles, onduler mon corps comme les herbes aquatiques. Le courant emportait les peaux mortes de celui que j'étais avant le virage 16, celui que j'étais avant de m'élever jusqu'ici pour m'informer du mystère de Christina. Le petit ouvrier romagnol à la dérive, de plus en plus loin de moi. Tuer le petit ouvrier romagnol et grimper, c'est les deux choses que j'aurai apprises. Nous sommes remontés uniquement vêtus de nos chaussures, à un rythme soutenu pour nous réchauffer dans cette forêt où rien ne pouvait sécher. On montait côte à côte. C'est devant le feu qu'on a remis nos vêtements puis retourné l'animal sur sa broche. Je me sentais frais et vif, une faim terrible me tenaillait l'estomac, l'odeur de cochon grillé était irrésistible. Il a jeté un oignon dans une petite casserole à même la braise et du vin rouge qui a grésillé. Il est allé ensuite au coin de la cabane près du chemin, il a inspecté des plantes bulbeuses qui paraissaient sèches, s'est accroupi au pied d'un arbre qui marquait la limite de ce minuscule jardin sauvage, puis en est revenu pour ajouter quelques champignons dans la casserole.

Non, Charly, je ne lis toujours pas de livres, je laisse tourner dans ma tête en roue libre une vie qui ne tourne pas, j'égrène les virages comme un chapelet démoniaque en implorant l'avènement du sommeil.

En découpant des tranches de marcassin, mon ami a dit : un Français a écrit sur moi un jour : « Éphèbe insouciant, mince, chérubin, garçon imberbe, gracile et insolent, adolescent génial, c'est le Rimbaud du Tour. » Alors, j'ai lu Rimbaud. Écoute :

C'est le repos éclairé, ni fièvre ni langueur, sur le lit ou sur le pré
C'est l'ami ni ardent ni faible. L'ami.
C'est l'aimée ni tourmentante ni tourmentée. L'aimée.

Comment veux-tu apprivoiser la solitude sans les livres ? Les journalistes m'appelaient l'Ange de la montagne mais c'est faux, j'étais un jeune boucher, sans pitié.

Il découpait à même la broche au-dessus des braises puis il a arrosé les tranches avec la sauce aux champignons, généreusement. Il m'a tendu des couverts et nous avons partagé la même assiette posée sur un rondin. J'étais propre et quelque chose de chaud arrivait dans mon estomac, Charly me déclarait poétiquement son amitié, la rivière avait emporté ma mue, j'ai béni encore une fois le 4 × 4 qui m'avait propulsé ici et dans les bras de Christina, cette calandre qui était en train de faire de moi un homme. J'ai dit j'ai peur que tout cela s'efface, peur de me retrouver un matin avec ma vieille peau, d'oublier que j'ai entendu et compris la phrase *C'est l'ami ni ardent ni faible. L'ami.* Il m'a répondu les champignons ça va t'aider, mon potager il est médicinal. Tu es amoureux ?

Oui je suis amoureux ! je suis dans la lessiveuse amoureuse, plus rien de ce que j'étais avant n'a de sens, je ne contrôle plus rien. Je l'ai rencontrée le 14 février, c'était hier et une infinité de choses ont déjà changé. Je crois que j'ai rencontré mon destin, tout a explosé immédiatement, j'ai vu qu'elle aimait en moi quelqu'un que je n'ai pas encore réussi à être. Son regard contredit tout, tout le temps, on y voit toujours une chose et son contraire, la peur et la détermination, l'audace et l'inquiétude, l'étonnement et l'ennui. Une force effrayante dans une peau transparente et fragile qui laisse apparaître des petits réseaux de veines sur les tempes, une peau qui rougit très vite et redevient si pâle qu'on voit à travers elle. Le hasard a posé un grain de beauté qu'on croirait enfilé sur le petit pli de son cou, si tendre, comme une pierre précieuse sur un ruban. Cet endroit, c'est le centre de gravité de toutes les odeurs de son corps, elles existent toutes à cet endroit et la composition est féerique. Quand elle me manque, je ne peux pas penser à cet endroit, à cette odeur, ça me fait trop mal. J'aimerais ne pas la désirer pour profiter mieux de sa beauté, le sexe est un piège. Pourquoi la vie me tend-elle des pièges, pourquoi m'a-t-elle donné un physique d'ouvrier agricole pour faire de moi une star, pourquoi m'a-t-elle fait naître dans un endroit plat pour que je la passe à grimper ? Pourquoi m'envoie-t-elle à l'hôpital quand j'arrive au sommet, pourquoi me fait-elle rencontrer l'amour à moitié à poil dans une discothèque ? Je sentais mes paroles portées par une éloquence inhabituelle, j'ai levé les yeux sur lui et son visage déjà cramoisi à la base était devenu carrément violet, ses cheveux et sa barbe l'entouraient d'un réseau de fils blancs organisés en toile d'araignée. Je voyais concrètement le boucher et l'archange, ses cheveux s'engrenant dans la grande machinerie des branchages, la façon dont il était relié à cette forêt, les connexions occultes. J'étais au cœur de l'expérience psychédélique. Cette face violette sur fond vert, les ramifications, cette évidence. J'ai éclaté de rire, longtemps, et mon rire s'alimentait de l'écho que lui renvoyait la futaie, devenait énorme. Un rire que je dédiais à Christina qui a su ne pas rire en me rencontrant. Comment ne pas rire éperdument d'un cycliste qui arrive dans une discothèque avec des béquilles ? On dirait le début d'une blague et elle n'a pas ri de moi et mon rire me reprend, s'agrippe à ma gorge. Elle est sublime, mais elle ne se doute pas de ce qu'elle me fait subir en étant sublime, elle a semé en moi la peur de la perdre. Ce n'est pas une plante qui pousse régulièrement, elle croit, s'étiole, rétrécit, prend toute la place, m'étouffe de peur. Regarde cet arbre derrière toi, il grandit et rapetisse, on dirait qu'il respire, ça y est, j'ai calé ma respiration sur lui, je respire avec la forêt, mes bras sont lourds, mes jambes sont lourdes, je sens la plénitude glisser dans mon corps. Je lui demande tu as été amoureux toi ? Des gouffres s'ouvraient entre chaque mot, des éternités de pensées. J'ai réussi à les accrocher ensemble : tu as été amoureux toi ?

Pourquoi tu crois je suis ici ?

*

16/02/1996

Au travail, pendant la première pause de la nuit – abominable – de la Saint-Valentin, j'ai vu arriver le mec le plus extravagant de la soirée. Un petit chauve timide avec un pull de ski à motifs et des béquilles. Des béquilles en discothèque, c'est extraordinaire, un aveu de capitulation d'emblée, comme un gladiateur qui serait descendu dans l'arène avec des ballons de baudruche. Une mine triste et timide au milieu de tous ces hommes qui rivalisaient d'assurance testostéronée, il brillait comme une insulte au machisme. Il m'a inspiré une telle fraternité que je lui ai adressé la parole sans réfléchir, je lui ai dit bienvenue, saint Valentin était un martyr, vous serez mon Valentin ce soir. Ma brusquerie l'a tellement embarrassé que, gênée de mon audace, je suis allée lui chercher un verre au bar. Quand je suis revenue le lui apporter, il était attablé avec deux amis, je lui ai donné son verre et on a trinqué aux amoureux. Sans réussir à me regarder dans les yeux, il a marmonné quelque chose que le niveau sonore de la musique ne m'a pas permis d'entendre. Je suis retournée danser et à la pause suivante il était parti. J'aurais voulu parler un peu avec lui, lui dire que je détestais la Saint-Valentin. Je me suis sentie grossière et, rétrospectivement, compte tenu de l'endroit, de l'heure, de ma tenue et de mon attitude, il a dû légitimement me prendre pour une pute. Je ne le connais pas et j'ai l'impression d'avoir gâché quelque chose, il faudrait que j'arrête de culpabiliser systématiquement.

Je consigne cela comme un petit événement que je n'ai pas encore compris mais qui pourra certainement alimenter ma réflexion autour de la Saint-Valentin. Finalement, j'ai agi comme un macho.

Quand je suis retournée au travail hier soir, Livia m'a donné un mot qu'un client avait laissé pour moi. « Si vous voulez parler de la Saint-Valentin... » avec un numéro de téléphone. J'ai rappelé aujourd'hui et, après être tombée trois fois sur une dame moyennement aimable, je l'ai eu au bout du fil et il m'a donné rendez-vous dans une *gelateria* près de la plage. Je ne savais pas que les glaciers étaient ouverts en hiver, j'ai trouvé que ça allait très bien avec les béquilles et le pull de ski. Il a beaucoup de réticence à parler de lui, j'ai tout de même réussi à apprendre qu'il est coureur cycliste. Je picorais ma glace, frigorifiée, il m'a dit ça comme s'il avouait être bon à rien ou voleur à la tire. Il regardait surtout sa glace et ses pieds et j'ai été émue par ses longs cils. Ensuite on a marché un peu, il faisait froid et la promenade était nulle. Je n'ai pas pu m'empêcher d'associer cette rencontre avec le projet « Ma vie en tant qu'œuvre narrative ». Un coureur cycliste le jour de la Saint-Valentin, c'est déjà le titre d'une installation.

Autre titre à retenir : « Je suis une femme qui se vend en discothèque ». Les deux ensemble, c'est de la dynamite. Sauf qu'il a l'air de tout sauf d'un champion, c'est une petite brindille qui tremble dans le vent glacé.

Il m'a donné rendez-vous demain.

Conclusion : je ne suis absolument pas en mesure de penser cette situation pour le moment, je reprendrai le fil de ce cahier quand j'y verrai plus clair.

15

Et là, hop, tout s'imbrique, le puzzle crée une image. Je comprends le *Viens. C.* Parce qu'il a vu en moi l'amoureux, le grimpeur amoureux, je n'avais pas envisagé sa souffrance et je m'y trouve précipité, je tombe dans un chaudron de douleur, je comprends qu'il soit violet. Ça va à toute vitesse dans ma tête, c'est la deuxième accélération, c'est le virage 15, le petit bloc de douleur que j'aurai dans les jambes, c'est le signal de la deuxième accélération, c'est la douleur que je partage avec mon ami, avec le monde entier. J'ai déjà lâché tout le monde, mais je place ma deuxième accélération et moi, je sais ce que ça veut dire. Il était en train de faire des mouvements de gymnastique, une sorte de tai-chi ou une danse, il entendait peut-être Monteverdi intérieurement, ou il est resté accroupi devant le feu et j'aurais tout inventé. Je lui ai dit c'est atroce, elle ne peut pas être seulement belle, sans être intéressante... ? Un jour, elle m'a regardé démonter mon vélo. Elle s'est assise et m'a regardé démonter et remonter mon vélo jusqu'au dernier boulon. J'ai aimé ça et en même temps j'étais gêné, est-ce que ça l'intéresse, est-ce qu'elle est consternée, est-ce qu'elle me trouve beau ? Je n'étais pas tranquille, je n'ai pas démonté mon vélo avec le même plaisir que d'habitude. Maintenant, au moment où je t'en parle, tout est clair, elle a vu quelque chose qui me dépasse, elle a ajouté sa poésie pour en faire une œuvre d'art.

Il faut que je l'appelle, il faut que je lui dise que j'ai compris tout ça, que c'est sa poésie que j'aime. Je ne lui ai jamais parlé de ce voyage, des trésors que j'en ai rapportés, j'avais l'impression d'avoir fait une faute, quelque chose de plus ou moins inavouable, je n'aurais pas su quoi lui en dire, maintenant je sais. 1 h 12, c'est l'heure à laquelle elle est joignable, mais si c'est pour être con comme tout à l'heure, il vaut mieux éviter. Non, cette fois c'est pas pareil, je sais quoi lui dire, je l'appelle spécialement pour lui dire quelque chose de particulier... Quoi déjà ? Ah oui, que c'est de sa poésie que je suis amoureux. Il faudra que je remette la phrase un minimum dans le contexte sinon ça tombera à plat. Je vais lui rappeler l'épisode du démontage de vélo, ce serait génial qu'elle me dise qu'effectivement, elle a vécu ce moment comme une œuvre, une installation. Elle s'intéresse à l'art mais je n'aborde pas la question parce que mon ignorance m'exclut, m'éloigne d'elle, je n'aurais jamais osé imaginer que je puisse faire partie de sa vision artistique, je pensais être une erreur, un intrus. Je n'arriverai pas à lui dire ça, je vais me prendre les pieds dans le tapis pendant qu'elle s'impatiente, mais si je ne l'appelle pas elle va retourner danser, ou rentrer chez elle s'il n'y a pas assez de monde. Un samedi au mois de juillet dans une station balnéaire, c'est forcément bondé, elle ne rentrera pas avant l'aube. Si je ne l'appelle pas, je vais stresser, je n'arriverai pas à dormir. Rimini au mois de juillet ! Elle a tous les touristes de la côte Adriatique à ses pieds, une foule de mecs qui ne rêvent que d'un amour de vacances, d'une bonne nuit de cul. Je suis au virage 15, en pleine deuxième accélération.

Non, je n'arrive pas à me calmer, je crois que j'ai un peu le trac... Justement, je crois que c'est ça qui me donne le trac... Je voulais te dire un truc... Tu sais que je t'aime... Mais tu sais ce que j'aime chez toi et que je ne t'ai jamais dit ?... Ben non, justement c'est pas ton cul... Mais si je l'aime... ce n'est pas POURQUOI je t'aime mais CE QUE j'aime en toi... Qui est en train de te parler, là ?... J'ai des trucs très importants à te dire, une étape de dingue demain et toi tu n'as pas cinq minutes pour me parler ?... Tu t'es rhabillée ?... Mais tu es tout le temps interrompue, tu t'en fous complètement, respecte-moi au moins... Oui, je crois que ça t'amuse, sinon tu ne ferais pas ça, je t'ai déjà dit que j'ai assez d'argent pour nous deux... Je ne sais plus ce que je voulais te dire, je n'ai plus envie de le dire, tu me rends fou, pourquoi toute ta vie est organisée pour me rendre fou ?... Mais putain, tu ne peux pas me consacrer cinq minutes ?... Elle ne vient pas de nulle part ma jalousie, si tu t'intéressais un tout petit peu à moi, je suis dans le noir à monter dans ma tête tous les virages de l'Alpe-d'Huez et à tous les virages tu es là, à tous les virages je pense à toi, avec tellement d'amour que ça me fait mal. Il faut me donner quelque chose en retour, que je sois sûr que tu m'aimes... C'est facile de dire je t'aime en parlant en même temps à je ne sais qui qui passe par là, moi j'ai un fer rouge brûlant qui me traverse la poitrine et toi tu n'as pas le temps, je ne vaux pas la peine d'être rassuré... Tu ne peux pas m'aimer comme je suis, c'est trop te demander ?

*

20/02/1996

On a baisé, on se voit tous les jours. Je n'y vois pas encore beaucoup plus clair, mais j'écris quand même. Je ne cède ni à la confession ni au journal intime, mais je me suis rendu compte qu'il est célèbre. Ça veut dire que je continue à endosser de plus en plus profondément un rôle de plus en plus caricatural. Je suis maintenant une jeune femme qui loue sa jeunesse en discothèque et une blonde de sportif. Waouh ! Le tableau devient tellement extrême qu'il m'a rappelé à l'idée « Ma vie en tant qu'œuvre narrative ». Plus trivialement, le fait qu'il soit célèbre ouvre des possibilités en termes de diffusion et ce serait malhonnête de ne pas le reconnaître.

Il y a forcément quelque chose à faire de cette situation de dingue.

*

23/02/1996

On a beaucoup parlé. On a appris à se connaître. J'ai eu la confirmation qu'il est célèbre. C'est un grimpeur, c'est intéressant, il m'a expliqué qu'il ne gagnerait jamais le Giro ou le Tour de France parce qu'il ne sait que grimper. C'est étonnant ce sport où on peut être exceptionnellement bon sans gagner, je croyais que c'était réservé aux artistes. Il n'aime pas le vélo, il n'aime pas les cyclistes, il n'aime que monter, c'est adorable. Il n'a rien à faire en ce moment parce qu'il a eu un accident grave en octobre. Si j'ai bien compris, il n'y a pas de courses en hiver et il a encore à la jambe des broches impressionnantes, on dirait une jambe bionique. Je sens qu'il est désœuvré, on passe nos journées ensemble et quand je vais travailler le soir, il arrange plein de choses chez moi, une étagère penchée, une porte qui ferme mal, l'évier qui fuit... J'ai peur qu'il s'installe. J'allais lui débiter un petit laïus lui expliquant que j'avais aussi besoin d'être seule, que se séparer c'est avoir le plaisir de se retrouver, etc. Il m'a devancée, m'a dit qu'il ne viendrait pas pendant quelques jours. Classe. Je ne sais pas encore si c'est par discrétion ou par obligation. Je ne veux pas le savoir, ça se passe comme ça et c'est très bien.

J'ai eu la vision d'une installation qui mettrait en scène la « *femme* de sportif » jusqu'à l'absurde. Le public aurait le rôle actif qu'il a dans les manifestations sportives, indexé sur la performance. Réfléchir aussi à ce qui sépare le mot performance dans le sport et dans l'art – comment faire pour que le public réagisse avec la même folie et la même empathie à une performance d'arts plastiques (la musique a une longueur d'avance à ce niveau-là). Lui trouver une position originale, active. Impliquer l'assistance dans le simulacre. J'ai imaginé Marco – il s'appelle Marco – pédalant sur un home-trainer pendant que j'exécute méthodiquement toutes les tâches qu'on attend d'une femme de sportif : le nourrir, l'encourager, lui faire l'amour, le piquer, l'embrasser sur le podium et recommencer à l'infini.

Une autre image m'est apparue lorsque Marco me parlait de ce qu'il ressentait dès que la route s'élève, la sensation de vivre enfin. J'ai vu les montagnes comme des vulves qui chaque fois accouchaient de lui.

Mais la route est encore longue, si j'ose dire, il ne sait pas du tout ce que j'ai dans la tête. Pour lui, j'ai accepté à l'Energy le premier emploi qu'on m'a proposé, point.

J'ai repensé au concept de la Saint-Valentin que je continue à tenir pour valable. J'ai notamment appris que selon la tradition on mélangeait dans une urne les noms des jeunes filles et ceux des jeunes hommes pour créer des couples arbitraires par tirage au sort. Il y a sûrement là aussi quelque chose à creuser, constituer dans le public des couples par tirage au sort, ils visiteraient l'installation ensemble et le hasard régnerait en maître sur tout le projet.

Autre dispositif à retenir : la flagellation molle avec des lanières de peau (chair ?) d'animaux. On peut imaginer que je me tienne devant une toile ou tout autre support blanc. Les Valentin (l'assistance) me flagelleraient après avoir trempé les lanières dans la peinture. L'idéal serait de conserver le pelage sur un côté des lanières. Au bout d'un moment, les flagellations devraient avoir dessiné ma silhouette (mon corps protège la toile et se révèle parce qu'il n'est pas peint). Le rituel de fertilisation de l'artiste aura produit un double de lui-même.

À retenir : le préfet qui a condamné Valentin de Terni s'appelait Placido Furio. Nom et prénom en oxymore, excellent titre d'exposition.

14

Le combiné que j'écrase sur son socle, et le vide abyssal derrière, la colère qui se dissipe presque immédiatement dans cet abîme, toutes ces pointes de douleur sourde hérissées dans mon ventre et soudain, gigantesque, le besoin de la rappeler pour renvoyer chacune de ces pointes d'où elle vient. Celle qui dit, tu es un con, celle qui dit, elle ne te supportera plus très longtemps, celle qui dit, tu ne la mérites pas, celle qui dit, tu n'y arriveras jamais.

J'accueille les sensations qui sont les miennes : fraîcheur, chaleur, je mets mon mental au repos, j'expire et je relâche, j'inspire sur trois secondes et je relâche sur six secondes, mes pensées sont calmes, lisses, et elles glissent sur l'eau du lac. Virage 14, j'ai mal aux jambes, je suis sûr que je n'y arriverai jamais, j'ai envie de ne pas y arriver pour que ça s'arrête, parce que j'ai trop mal, le 14 comme le 14 février, la fête des amoureux, le jour où j'ai rencontré Christina. Saint Valentin est un martyr, un prisonnier amoureux de la fille de son geôlier, j'aurais dû me méfier, tout était dit. Elefantino est mort le 14 février.

Près du cochon qui noircissait sur un côté parce que plus personne ne le retournait, près de mon ami, martyr lui aussi, tous ses cheveux dans les engrenages d'où il pompait une sève qui donnait à son visage cramoisi une énergie extraordinaire, visible. Tout le système de la forêt qui m'était clairement révélé concentrait sa science et son énergie sur cette face improbable dont le violet s'ornait maintenant d'un autre réseau, vert vif, et tous ces filaments enchevêtrés se connectaient. Je me suis levé pour me distraire de ce vertige, les trois pas que j'ai faits en direction des braises se sont décomposés en une infinité d'instants. Le sol menaçait d'être spongieux sur une grande profondeur, les arbres se penchaient sur moi, je réapprenais tout. J'ai demandé à mon ami tiens-moi la selle, j'ai enlevé les roulettes. Il s'est levé, je l'ai vu déployer une masse de chair extravagante et la transporter jusqu'à moi, derrière moi, tout près, je sentais son souffle et toutes les variétés de chaleur qui émanaient de lui. Allez, lève la pédale droite et penche-toi un peu en devant, appuyé, *lass*, c'est parti !

Tu me tiens, tu ne me lâches pas d'accord ? Mais oui, je te tiens.

J'étais grisé par les sensations les plus élémentaires : le mouvement, la motricité, l'équilibre, la peur, l'exaltation.

Tu me tiens ?

Oui, je te tiens, relâche les bras, ne te crispe pas sur le guidon, laisse aller, tu sentiras l'équilibre.

J'ai encore ri si fort, nerveusement, j'étais au seuil d'un miracle, tu ne me lâches pas, hein ?

Mais non, je suis là, vois-tu ?

Je ne sens plus sa chaleur, sa voix s'éloigne, il m'a lâché sans me le dire, mais je ne tombe pas, le mouvement permet l'équilibre, ne jamais m'arrêter ! Je sens le vent dans mes cheveux, je détends mes bras, je relève la tête pour regarder le ciel, et les arbres penchés autour de moi sont fiers de me voir tenir seul en équilibre. J'ai pédalé aussi longtemps que j'ai pu jouir d'être enfin de ceux qui savent tenir sur un vélo, le soir envahissait le sous-bois et le froid contractait mon corps. Je me suis rendu compte que j'étais seul, pourtant je l'avais toujours senti là, protecteur et fier de mon nouvel équilibre. Les hallucinations ne me venaient plus qu'en bouffées sporadiques sur fond de légère distorsion généralisée, il était devant la cheminée, je reprenais mes esprits. J'étais mélancolique et soulagé, pour la première fois depuis mon arrivée, j'ai pris conscience que j'étais réellement présent dans cette forêt et que j'aurais à en repartir, trop épuisé pour le faire immédiatement. J'ai repris place sur mon pouf, il restait dans mon champ de vision, çà et là, des vestiges vert vif.

Tu sais, c'est long après. Quand tout est fini et qu'il te reste presque une vie à vivre. Pourtant sur le moment, je ne l'ai pas aimée la vie merveilleuse, je n'ai pas aimé les descentes, je n'ai pas aimé le plat, je n'ai pas aimé prendre des pilules, je n'ai pas aimé qu'on me prenne pour un con parce que je ne parlais pas bien français, je n'ai pas aimé Bobet, je n'ai pas aimé que le peloton ne m'aime pas. Je n'étais bien que quand ça montait, quand je pouvais lâcher les autres. Pédaler seul en montée quand j'avais de bonnes jambes, la vue, le ciel. C'est long après, tu te dis qu'il n'y a que l'amour qui peut faire encore la vie merveilleuse, que quelqu'un te regarde, que tu as mal, que tu donnes tout, que tu n'es pas seul. Mais c'est beaucoup lui demander à l'amour, alors tu l'encombres, ton amour, tu lui demandes des choses qui ne le regardent pas, tu lui bouffes la vie et il te renvoie à ta solitude et au néant de cet interminable après. C'est si long, tu te dis que ça ne s'arrêtera jamais, que tu fais depuis trop longtemps les mêmes choses, que ça ne changera jamais et là, tu te souviens que la mort existe. Finalement, si on veut que ce ne soit pas si long après, on peut raccourcir. Mais Monteverdi *gëtt et wierklech*, Monteverdi existe. Je trouve que ce n'est pas correct de quitter un monde où existe le Magnificat de Monteverdi. M'isoler pour ne plus emmerder personne, *mech zreckzezéie fir kengem méi op de Nerv ze goen an An engems vu kengem méi genervt ze ginn*, c'est tout ce que j'ai trouvé. *Wéis de gefrot goufs firwat's du sou séier de Bierg eropgefuer bass hues de gäntwert, fir der Péng en Enn ze ginn*. Quand on est grimpeur, *wann ee Biergcoureur ass, verbréngt ee säi Liewen domadder, senger Péng en Enn ze ginn, dat weess een*, on le sait. *Ech si bei der, vergiess dat net, ech loossen dech net eleng.*

Va retrouver Christina *a sief en Engel mat hir.*

Je me suis réveillé dans une chambre d'hôtel comme celle dans laquelle je me trouve maintenant, ma voiture garée de l'autre côté de la route. Pourquoi je l'ai appelée, pourquoi je fais toujours les mêmes conneries ? Je vais pourtant le passer ce virage 14 si j'arrive à surmonter la souffrance dans les jambes, je peux la vaincre aussi dans mon âme, mon cœur, ma tête. Le jaune est la couleur du sommeil, de l'endormissement, je pose la couleur jaune sur mon diaphragme et à chaque inspiration je gonfle le ventre. Je me retiens absolument de l'appeler à nouveau, je lui fais confiance pour me pardonner encore une fois, je vais être un ange avec elle. Et demain, au virage 14, je saurai que je peux aller plus loin ; en lâchant les derniers coureurs je lâcherai le connard en moi qui gâche tout, qui a tout le temps peur, je laisse mes béquilles chez Charly et ma vieille peau dans la rivière. Je maîtrise le flux de mes pensées, je démonte et je remonte mon vélo en écoutant le son des roulements graissés, le son des roulements graissés me berce, je suis seul, j'ai lâché tout le monde.

*

15/03/1996

Marco est un cycliste qui ne roule pas, et je suis une artiste qui ne crée pas. Il ne peut rien faire de mon oisiveté, et je ne peux rien faire de sa célébrité. Il y a quelques jours il s'est produit quelque chose que je pressentais. Livia me ramène d'habitude. Elle s'est sentie mal au travail et elle est rentrée plus tôt chez elle. C'est Mario qui m'a raccompagnée à moto, on a discuté un peu en bas de chez moi, il est très drôle et il m'aime bien. Quand j'ai allumé la lumière, Marco était assis dans le fauteuil. Je ne sombre pas dans le journal intime, mais il faut que ça figure sur le même plan que le reste, j'ai tout imbriqué.

Tu me prends pour un con ?

Je connais ce ton, la menace froide, l'aplomb dégueulasse qu'autorise le bon droit. Il a posé un gros tas de merde au milieu de mon salon et a claqué la porte en rappelant qu'il ne fallait pas le prendre pour un con avec « salope » dedans. Et comment on fait pour transformer ça en qualité supérieure de la vie ? Pourtant, je continue à penser que son irruption dans ma vie est un encouragement.

*

10/05/1996

Je tourne autour de l'art, je tourne autour de moi, je tourne autour du monde, et Marco tourne autour de moi.

On a eu une conversation très intéressante, je lui disais que je me rendais compte maintenant de sa célébrité, de l'amour que les gens ont pour lui. Il m'a dit regarde, j'ai l'air d'un ouvrier agricole et je suis connu parce que je monte les pentes plus vite que les autres, tu ne trouves pas ça effrayant ? Je lui ai demandé s'il ne trouvait pas ça un peu amusant aussi, si le plus simple et peut-être le plus sain n'était pas de trouver du plaisir à jouer un rôle. En prenant conscience que je lui suggérais exactement ce dont j'étais incapable, supposant très bêtement que la célébrité rendait les choses plus faciles alors que dans ses yeux tout disait le contraire. Derrière ses longs cils la peur, l'angoisse d'être aimé pour ce qu'il n'est pas ou pour une infime part de lui, celle qui monte vite à vélo. Ou juste la peur d'être aimé. Je l'aime.

13

Je suis à fond de deuxième accélération, je ne relâche pas mon effort, j'ai de plus en plus mal aux jambes. Je suis en colère contre le vélo, contre ce qu'il m'inflige, je veux jeter mon vélo dans le ravin et disparaître, ne plus avoir mal. Je suis en colère contre le monde entier, le monde qui a décidé que je n'avais pas de chance, que c'était un chat noir qui avait traversé sous mes roues il y a un mois dans le Giro. Mais c'était un chat blanc ! Oui je suis né le 13 janvier, oui demain c'est la treizième étape mais je vais passer le virage 13, conjurer les certitudes des jeteurs de sort, toute cette colère pèsera sur les pédales. Allez vous faire foutre, c'était un chat blanc et je ne suis plus Elefantino. Maintenant je suis Il Pirata. Ils veulent me coller le mauvais œil parce que avant, je ne ressemblais à rien et c'est très difficile à accepter qu'un homme qui grimpe plus vite que les autres, qui redonne du panache au cyclisme, qui efface le gestionnaire Indurain, ne ressemble à rien. S'il ne ressemble à rien, qu'il soit maudit. Elefantino.

Tu auras bien le temps, car certains sont méchants,
De connaître les soucis et les chagrins
Durant ta vie.

Il Pirata n'est pas maudit, il tombe à cause d'un chat blanc, B.L.A.N.C. On ne plante pas des aiguilles dans une poupée au virage 13, on regarde Il Pirata voler vers la victoire. Quand il est à terre, Il Pirata tombe sur la chance, tombe sur le bon numéro, tombe bien, tombe à pic. Il tape un camion à l'entraînement en 95 ? Il gagne l'Alpe-d'Huez. Il tape un 4 × 4 sur Milan-Turin ? Son oisiveté forcée l'amène avec des béquilles en discothèque et il rencontre la miraculeuse Christina qui le fait entrer dans son église. Il Pirata est escorté par le miracle, et ce chat était blanc. C'était peut-être même un furet. Je vénère la calandre de cette jeep, bande de cons, et au virage 13, tout le monde n'a pas la chance de grimper comme moi, je suis tout seul, les autres sont derrière, pas de chance. L'Aigle de Tolède, l'Archange de la montagne et... Elefantino, cherchez l'erreur ! La nouvelle donne, c'est l'Aigle de Tolède, l'Archange de la montagne et Il Pirata, et tous ceux qui croyaient qu'Elefantino n'avait pas de chance verront passer le dossard d'Il Pirata comme une fusée, c'est le 21, soyez attentifs, ça va être fugace. Il Pirata est né de

Christina. Une femme a aimé le petit ouvrier agricole, le danseur à béquilles, et a engendré Il Pirata. Je peux être un autre puisque je suis enfin né.

Ne crains rien, sèche tes pleurs, viens sur mon cœur.

Elle va aimer Il Pirata comme son enfant, sa création. Il faut que je sois un ange avec elle. Et si je lui faisais livrer des fleurs au night-club ? Non, c'est con, c'est s'excuser à peu de frais, excuse-moi chérie mais j'ai assez d'argent pour me permettre d'être con. Il faut que je trouve quelque chose, je n'arriverai jamais à m'endormir avec ce remords qui me taraude. J'ai déjà tiré beaucoup de cartouches, je pourrais peut-être appeler pour qu'on lui transmette mon numéro, elle m'appellerait si elle veut après 2 heures du matin. Mais si je fais ça, l'attente de son coup de fil va condamner mon sommeil, et je finirai par la rappeler, vaguement contrarié et je lui demanderai pourquoi elle n'a pas appelé, et pourquoi elle boit encore un verre avec Mario et je vais tout foutre en l'air une nouvelle fois. Pourtant je devrais être capable d'espérer sans attendre, de mettre à mon service toute la confiance et la lucidité que j'ai gagnées chez Charly, me souvenir que l'enveloppe morte d'Elefantino s'est dissoute dans la rivière Sûre. Si je ne suis pas capable de me libérer de cette impatience, de ces angoisses, je ne serai pas capable de mettre la deuxième accélération au virage 14, je chuterai au 13, je ne gravirai jamais les virages qui m'élèvent vers Christina, vers son mystère. Si je n'y arrive pas cette nuit, je n'y arriverai jamais.

Quel Mario ? Comment ça, Mario le barman, pourquoi je ne tombe pas sur l'accueil ? Passe-moi Livia, la fille de la caisse, j'aimerais lui parler... Non, je ne laisse pas de message, je rappellerai Livia... Non, je rappellerai.

Il se prend pour qui cet abruti, il croit vraiment que je vais lui laisser un message pour Christina ? Livia ne peut pas s'absenter de sa caisse trop longtemps à 2 heures du matin un samedi, je rappellerai dans cinq minutes.

Je ne comprendrai jamais pourquoi ils nous font manger si tôt, j'ai une faim de loup et je n'ai jamais réussi à dormir la faim au ventre. Surtout quand j'ai le trac, la douleur au plexus se combine à la brûlure de l'estomac pour faire fuir le sommeil, je rêve d'être rassasié et de la léthargie qui va avec la digestion, je suis sûr que si j'avalais un bon sandwich, je m'endormirais immédiatement.

Ah, Livia, j'ai appelé avant, je suis tombé sur un certain Mario... Non non, je ne l'ai jamais vu. Tu peux noter un numéro pour Christina ? C'est le numéro de l'hôtel ; 334 77 21 12 21, chambre 11. Tu lui dis qu'elle peut m'appeler quand elle veut, si elle veut... Non, rien d'urgent, merci Livia.

C'est mieux comme ça, elle saura que je ne lui en veux pas, il ne me reste plus qu'à laisser venir le sommeil. J'ouvre les mains de chaque côté comme une fleur et je libère mon système nerveux, je fais pénétrer le sommeil. J'écoute les pneus sur l'asphalte, je tourne à gauche au virage 13, les feuillus ont disparu, pins et sapins, les montagnes comme dans un western. Je me couche au pied d'un arbre, je laisse venir un sommeil réparateur, régénérateur. Une *piadina* jambon fromage, voilà ce qu'il me faudrait, toute chaude et bien croustillante. Pas une *piadina* de ma mère, je déteste les *piadine* de ma mère. Je suis allé lui rendre visite avec Christina à la *piadineria*, je voulais que Tonina l'accepte un peu mieux, qu'elle se départe des préjugés qu'elle a à propos d'une fille qui danse dans une discothèque et qui n'est même pas italienne. Je me suis dit qu'une petite complicité pourrait naître entre elles autour du travail de Tonina et j'ai manœuvré le plus habilement possible pour que Christina se retrouve derrière le comptoir avec ma mère.

Laisse-la t'aider, maman, je suis sûr qu'elle est douée, montre-lui.

La seule chose qu'elle lui a montrée, c'est de quelle mauvaise grâce elle est capable. Elle a finalement toléré que Christina prépare la *piadina* pour le prochain client, de mauvaise grâce donc, trônant dans son petit royaume avec suffisance. Avec la peur que Christina s'en sorte, qu'elle lui vole cette seule petite chose qu'elle sait faire, elle a montré toute sa laideur. Christina, à côté d'elle, contrastait impitoyablement par sa beauté, mais surtout par la bonne humeur qu'elle conservait, elle éclatait à côté de cette petite bonbonne d'acrimonie et de frustration. Je commençais à être sûr que j'avais eu, comme d'habitude, une mauvaise idée quand le client pour Christina s'est présenté. Il a passé sa commande et ma mère n'a même pas attendu qu'il ait rejoint sa table pour dire, narquoise, il t'a demandé une *piadina*, pas un sourire.

Un tsunami de haine m'a submergé, j'ai réussi à me taire, à garder le sourire mais j'aurais aimé lui infliger les sévices les plus atroces, et j'avais la certitude qu'on serait dorénavant irréconciliables. J'ai eu envie de prendre Christina dans mes bras, de guérir la blessure. Je n'ai rien fait, j'ai encaissé ce direct au foie comme elle et j'ai été suffoqué. Christina irradiait d'humilité intelligente, un diamant brut jeté dans une bouse, et j'ai pensé qu'une fois de plus, peut-être, elle me pardonnerait. J'ai lâché ma mère comme les autres au virage 13, tu ne reverras plus mon dossard, maman, profites-en bien. Tu garderas ton fils pour remplir ta pauvre vie, mais tu ne reverras plus ni Marco ni Elefantino. *Toi la raison de ma vie, qu'il est joli mon tout-petit.*

Christina a posé la *piadina* enveloppée sur le comptoir et nous sommes sortis, sonnés, nous dirigeant sans parler et sans en avoir conscience vers la plage. La fin de l'hiver donnait au décor la triste majesté de l'inutile, un sentiment d'abandon poisseux. On se trouvait presque à l'endroit où j'avais rencontré Christina 1 dix ans avant. Le *gratta-cielo* perforait les nuages bas à partir du vingtième étage et je n'ai pas pu m'empêcher de penser que Christina, la vraie, m'aurait accompagné jusqu'en haut, qu'elle aurait fait de cette ascension quelque chose qui lui appartienne, une œuvre. J'ai voulu dire je suis désolé et elle m'a embrassé très longtemps. Nous avons rejoint la voiture, moi claudiquant, elle silencieuse, deux valeureux soldats revenus des lignes ennemies.

Je devrais toujours avoir quelques barres de céréales dans ma chambre. J'ai un peu de monnaie dans mon sac, je vais aller prendre quelques friandises, j'ai vu un distributeur dans le hall. L'idéal serait des chips, j'ai une envie dingue de chips, les chips vont me pousser dans les bras de Morphée.

Super, il y a des chips ! J'introduis ma plus grosse pièce et je tire trois paquets. J'introduis ma plus grosse pièce et il ne se produit rien du tout, aucun clic, aucun clac, j'essaie les pièces plus petites, c'est un cauchemar ! J'ai bloqué mes pièces dans cette saloperie, c'est pas vrai ! Je vais les faire descendre, moi, ces pièces, je vais te secouer comme le flipper du Hollyday à Cesena, tu vas me cracher mes paquets de chips putain de bordel de merde !

Monsieur ?

Aaaah, mais qui c'est ce mec ? Vous m'avez fait peur !

Oh, je vous reconnais, vous êtes monsieur Pantani, je vous... admire beaucoup monsieur Pantani mais vous ne pouvez pas dégrader le matériel.

Mes pièces sont coincées dans la machine, c'est du vol.

Mais monsieur Pantani c'est normal, vous avez introduit des lires, la machine ne fonctionne qu'avec des francs.

Ah, merde, comment je vais faire ?

Attendez, je vais essayer avec une pièce française... Ça ne marche pas, les pièces que vous avez introduites ont tout bloqué.

Qu'est-ce qu'on peut faire, on peut la démonter ? Regardez, si on arrive à dévisser sur les côtés, là...

C'est impossible, monsieur Pantani, c'est une société extérieure qui gère les distributeurs.

Appelez-les, faites quelque chose !

Il est presque 2 heures du matin, monsieur, ils n'ont pas de service 24/24.

Il y a bien des cuisines dans cet hôtel, vous pouvez me trouver quelque chose à manger.

Je n'ai pas accès aux cuisines, monsieur Pantani. Je suis désolé, j'aurais aimé faire quelque chose pour vous mais tout est sous clef, le personnel de jour arrive à 6 heures pour préparer les petits déjeuners, avant je ne peux rien faire.

Il y a forcément une solution, on ne laisse pas les gens mourir de faim, il n'y a pas quelque chose d'ouvert près de l'hôtel ? N'importe quoi fera l'affaire.

À cette heure-ci, il n'y a plus rien. À part peut-être le kebab près de la gare mais il va fermer.

C'est loin ?

C'est pas tout près, à pied vous n'arriverez pas avant la fermeture.

Vous êtes sûrement venu travailler en voiture, non ? Je vous en prie, allez me chercher un sandwich, je vous donnerai de l'argent demain, un autographe, mon maillot si vous voulez.

Ce n'est pas une question d'argent, monsieur Pantani, je n'ai pas le droit de quitter mon poste. Si un client appelle ou s'il y a le moindre problème je risque de perdre mon emploi.

Il est 2 heures du matin, personne ne va appeler, je vous remplace au cas où. S'il vous plaît, j'ai une grosse étape demain, je n'arrive pas à dormir. Vous arrivez à dormir, vous, quand vous n'avez rien dans le ventre ?

Vous allez bien finir par vous endormir. En France on dit qui dort dîne. Il y a des sachets de verveine dans les chambres, c'est apaisant, la verveine.

On perd du temps là, je ne veux pas de verveine, j'ai un trou dans l'estomac, je veux un sandwich, je vous en supplie. Si on discute encore, votre kebab va fermer, je vous donne 100 000 lires demain si vous y allez.

Ce n'est pas une question d'argent, monsieur Pantani.

Arrêtez de m'appeler monsieur Pantani, on va finir par vous entendre. Écoutez, je suis juste quelqu'un qui a faim, vous ne pouvez pas refuser à manger à quelqu'un qui a faim, c'est un principe de base dans la vie. J'ai une étape super importante demain, je n'ai encore rien gagné avec mon équipe à cause d'un chat blanc, si je ne mange rien je ne dormirai pas et je n'aurai pas les jambes demain alors quc tout le monde m'attend, vous comprenez ?

Un chat blanc... ?

Laissez tomber, je veux juste dire que si vous y allez, vous aurez fait une très belle chose dans votre vie, vous et moi, on saura que c'est grâce à vous que j'aurai gagné demain.

Vous parlez français ?

Non, pourquoi ?

Si le téléphone sonne, dites juste oui ou non. Sans accent s'il vous plaît. Vous pouvez me répéter : rappelez-moi dans dix minutes s'il vous plaît ?

Rappelez-moi dans dix minutes s'il vous plaît.

Bon, dites juste oui ou non. Vous voulez une boisson avec votre sandwich ?

Non merci, je vais m'asseoir à votre place au cas où le téléphone sonne.

Je préfère qu'on ne vous voie pas, attendez-moi dans le petit bureau derrière, c'est là que je dors, vous pouvez même vous allonger.

Je suis sauvé, tout va rentrer dans l'ordre, il me restera encore cinq heures de sommeil, c'est pas l'idéal mais ça ira. Je me sens déjà mieux, tellement plus calme depuis que je sais que je vais manger, je peux me laisser aller. Je suis sûr que je m'endormirai à peine fini mon sandwich, rien qu'à y penser, j'ai déjà les paupières lourdes. Je suis complètement crevé, je devrais dormir ici, je suis mieux que dans ma chambre.

Tout est calme sur le parking, les réverbères dessinent leur faisceau dans la brume, tout est parfaitement immobile, je suis au milieu de ma nuit de veille, bien calé derrière mon comptoir. Je ressens la satisfaction, le privilège de veiller sur tous les clients, leur sommeil, leur sécurité. Je peux presque les sentir, entendre, si je prête l'oreille, le bruit infime de leur respiration. Je rassemble quelques papiers sur le bureau. Une lettre attire mon attention, un courrier administratif, je lis plus attentivement le nom et l'adresse du destinataire, c'est mon nom qui est inscrit dans la fenêtre ! Je reçois du courrier dans cet hôtel et on ne m'a rien dit ? En consultant les autres courriers, je me rends compte qu'ils me sont tous adressés : à l'attention de monsieur Pantani, hôtel Pantani. C'est mon hôtel, mais bien sûr, c'est mon hôtel, j'en suis propriétaire. Un des téléphones disposés devant moi sonne, qu'est-ce que je dois faire ? Je me souviens, répondre par oui ou par non. Oui, oui, oui. Un deuxième téléphone sonne à l'autre extrémité du comptoir. Ah ah, heureusement je suis sur un fauteuil à roulettes, je me propulse le long du bureau. Je n'avais pas mesuré sa longueur extravagante, la chaise roule longtemps, comme si elle parcourait un itinéraire. J'arrive enfin au téléphone : oui, oui, oui, oui, oui. Un autre téléphone sonne avant la fin de la conversation, c'est une famille qui demande une chambre, et comme je ne prononce que le mot oui, l'identité de l'interlocuteur et ce qu'il dit me sont indifférents, je réponds oui à deux combinés. Oui, oui, oui. Deux autres sonneries retentissent en même temps, je découvre que l'espace entre le plateau du comptoir et le bureau est garni de deux rangées de téléphones, superposés, collés les uns aux autres sur une longueur inimaginable. Je lance les combinés qui atterrissent impeccablement sur leur socle pendant que j'en décroche d'autres, je lance en l'air ceux que je tiens pour en décrocher d'autres entre deux oui. Je suis le Mozart du standard téléphonique, j'ai pris une vitesse de croisière, tous les clients sont satisfaits, mon fauteuil fait l'essuie-glace, je pourrais répondre à l'infini. Je suis tellement concentré que je fais à peine attention au couple qui s'approche du comptoir. J'essaie de leur faire comprendre du regard que je ne peux pas leur répondre, mais ne bougez pas, je vais vous donner votre clef. Ils semblent me comprendre très bien et même trouver ça tout à fait normal, alors, entre deux téléphones, j'imprime à mon fauteuil une rotation qui me permet de saisir une clef à la volée pour leur lancer. La femme l'attrape avec une étonnante désinvolture pendant qu'une famille franchit la porte avec valises et équipement complet de sports d'hiver, le père tient la porte à un homme d'un certain âge qui, à peine entré, lève la main pour recevoir une clef que je ne me souviens pas avoir lancée. C'est maintenant un flot ininterrompu de clients qui envahit le hall, tous semblent très à l'aise. Une femme avance vers moi en portant un paquet devant elle comme une offrande, je la connais, c'est Tonina, c'est ma mère ! On a dû lui dire que j'avais beaucoup de travail, elle m'apporte des *piadine* jambon fromage encore chauds, je les sens d'ici, l'odeur est délicieuse. Je décompose mes mouvements, démultiplie le temps pour essayer d'en saisir une entre une clef et un téléphone, mais il manque toujours une fraction de seconde. Je vois dans ses yeux qu'elle ne m'en veut pas, qu'elle comprend que le travail est plus important, elle m'encourage pour que je gagne le centième qui me manque, sans bouger les lèvres elle chante :

C'est toi seul que j'adore, toi la raison de ma vie,
Qu'il est joli, mon tout-petit.

Je suis tellement fier d'assurer à ce point-là. Au fond du hall qui commence à être bondé, une jeune femme blonde tient la porte ouverte, elle se retourne, c'est Christina qui me regarde et m'adresse un sourire illisible. C'est forcément un sourire complice, il est étranger aussi, il sait quelque chose que je ne devrais pas ignorer. Le hall est saturé de gens maintenant, et elle tient la porte obstinément, les gens doivent arriver par une autre porte ou suinter des murs. Christina me tourne à nouveau le dos sans lâcher la porte vitrée, un homme arrive, c'est pour lui qu'elle tenait la porte, elle se retourne vers moi avec le même sourire et l'homme que je ne connais pas (Mario ? C'était donc ça le sourire ?) franchit la porte en tenant un enfant par la main. Malheureusement cette distraction, même si elle a peu perturbé mon travail, m'a complètement détourné des *piadine* de Tonina. Il y a là un gros problème que je vais avoir à régler. Mais qui est cet enfant ? C'est leur fils, ils sont mariés ? Ma mère m'appelle avec la voix de mon père.

Monsieur Pantani, monsieur Pantani ?

Et le téléphone qui sonne.

Monsieur Pantani, votre sandwich.

Mais maman, je...

Ah, merci, vous m'avez apporté à manger, vous êtes adorable.

N'exagérez pas, monsieur Pantani, ça fait 12 francs, attendez une seconde, il faut que je réponde... Oui, oui, oui, si vous voulez bien attendre un instant, je termine avec un client et je vous reprends.

Je n'ai que des lires, mon directeur sportif vous donnera de l'argent demain matin.

Je ne serai pas là demain matin. Vous ne m'aviez pas parlé de votre maillot éventuellement ?

D'accord, avec plaisir, je vous donnerai mon maillot demain matin.

Mais comme je vous l'ai dit, je m'en vais à 5 h 30, je préfère que vous me le donniez maintenant. Tenez, votre kebab.

Merci, je monte le chercher, je reviens tout de suite.

Merci, monsieur Pantani.

Je vous en prie, arrêtez de crier mon nom.

Allô, hôtel Kyriad Saint-Étienne, merci d'avoir patienté, que puis-je faire pour vous ?

Je ne sais pas comment je vais leur expliquer qu'il me faut un nouveau maillot demain matin, ils ont déjà tendance à me prendre pour un allumé. L'odeur de ce sandwich est hallucinante, je me demande ce qu'ils ont mis comme animaux là-dedans. Un seul étage a suffi pour que l'ascenseur soit totalement infecté. Je ne suis pas encore sorti de ce rêve, j'entends des sonneries de téléphone partout. La longueur de ce couloir, c'est *Shining*, et il y a réellement un téléphone qui sonne. On dirait que c'est dans ma chambre. C'est dans ma chambre ! Où est-ce que j'ai fourré ma clef ? Et merde, la moitié de mon kebab plus salade tomates oignons sur la moquette, sauce blanche pour la touche finale. Elle m'appelle, elle vient à peine de finir et elle m'appelle immédiatement !

Allô, allô ?

Mais ce mec est complètement con ! Pourquoi il l'a laissée raccrocher ? Il sait bien qui je suis, il a dit mille fois monsieur Pantani, il savait bien que j'allais arriver, pourquoi il l'a laissée raccrocher ? Je vais aller lui casser la gueule, putain, c'est pas possible d'être con à ce point-là !

C'est pas bientôt fini, ce bordel ? Voix étouffée derrière la cloison. Le kebab froid a totalement imprégné le papier de graisse.

*

22/07/1996

Manifestation publique absolument remarquable à Cesenatico. Marco m'a parlé de la fête la plus importante de la ville, la fête du mât. Il m'a engagée à y assister sans vouloir m'accompagner, il me dit – et je veux bien le croire – que s'il y va, ça va créer une émeute. Voilà le principe : un mât enduit de graisse est dressé au-dessus du canal et les hommes se succèdent pour essayer d'atteindre le sommet. Si on veut résumer la situation, ils érigent un phallus géant lubrifié et les hommes se présentent pour le conquérir. Je n'ai pas réussi à savoir si l'exercice est interdit aux filles, mais je n'ai vu que des garçons tenter l'exploit. Est-ce parce que cette ville est si plate qu'on y célèbre l'érection, la verticalité, avec la fête du mât et le *grattacielo* ? Je suis restée longtemps pour assister au rabâchage de ce rite étrange où les hommes échouent presque à chaque fois. Ce sont peut-être des femmes qui lubrifient le mât, qui s'appliquent pendant les préparatifs à organiser l'échec des mâles à célébrer leur virilité. Le dimanche suivant ils couchent le mât en travers du canal et il s'agit cette fois-ci de ramper sur la poutre graisseuse jusqu'à la rive opposée sans tomber dans l'eau. Cette variante me laisse perplexe.

Il y a quelque chose à inventer en associant ce rituel à celui de la Saint-Valentin. Des couples arbitraires, des lanières de chair trempées dans la peinture, des mâts et des tunnels lubrifiés... Une autre grande toile blanche où les participants laisseraient la trace graisseuse de leur parcours. Peut-être relier la lubrification et l'onction qui sanctifiait les martyrs comme saint Valentin de Terni.

Christina / Christian / Christ.

Autre idée à retenir :

Marco, me parlant de sa blessure, précisait qu'il s'agissait d'une double fracture en étoile. La juxtaposition des mots fracture et étoile, on pense aux bris de verre, au pare-brise étoilé. Concevoir un « instrument » qui aurait la qualité de briser en étoile. Produire des étoiles par le bris.

À noter : plus aucune dimension créative dans mon travail à la discothèque, comme si la nécessité s'était déplacée. Ce travail que j'ai vécu d'abord comme dégradant et aliénant est aujourd'hui la condition de mon indépendance. Pas seulement matérielle, je pourrais trouver un autre travail pour gagner la même chose, mais une indépendance en tant que femme. Mon métier restera toujours une grosse pierre au milieu du jardin de la jalousie de Marco, une mise au point permanente. Je ne comprends plus rien.

12

Ça va aller, Marco, respire un grand coup, tu n'as plus faim maintenant, tu vas te recoucher et reprendre la relaxation, où est-ce que j'en étais ? Ah oui, virage 12, je suis seul, j'ai lâché tout le monde, je suis bien. Je me concentre sur ma respiration abdominale. Virage à droite, palissade et bacs à fleurs, le chant d'une petite cascade. Je suis encore loin de l'arrivée mais largement sorti de la vallée, le public est là mais gentiment, spectateurs plus que supporters. Je laisse le murmure cristallin de la cascade m'envahir de sa limpidité apaisante. J'ai moins mal aux jambes, je reconnais le deuxième souffle, je visualise ma victoire de 1995, j'ai des ailes, je vole sur l'asphalte. Mes bras sont lourds, mes jambes sont lourdes, tout mon corps s'enfonce dans le matelas, c'est le sommeil qui m'écrase. J'ai réussi à m'endormir quelques secondes dans la loge du veilleur, ça va revenir tout seul. Le sommeil va m'envelopper de ses immenses ailes bienveillantes. Quel con ce veilleur de nuit, ça me révolte ! Que va penser Christina ? Que je ne suis pas dans ma chambre ? Que je dors avec l'hôtesse du Crédit Lyonnais ? Je peux quand même essayer de l'appeler chez elle. Non, au secours, il faut que j'éloigne ces pensées qui font naître des tensions, je dois me concentrer sur ma respiration. Mentaliser le rythme de pédalage que j'aurai au virage 12 et caler dessus ma respiration : trois tours de pédale pour une inspiration, trois pour l'expiration. Puis passer à quatre tours de pédale pour ralentir mon souffle. Je suis dans la ligne droite entre le 12 et le 11, je sais qu'avant d'arriver au 11, je dormirai. Je vais appeler chez elle, si elle est là je lui dirai que je l'aime, que je voulais juste lui souhaiter une bonne nuit, et si elle n'est pas là je laisserai un message sur son répondeur. J'expliquerai simplement pourquoi je n'ai pas eu le temps de répondre tout à l'heure. Je me sentirai beaucoup plus en paix, le sommeil viendra tout seul.

C'est encore Marco, je suis arrivé juste quand tu as raccroché, j'étais allé me chercher un sandwich, j'ai tout mis par terre en me précipitant, ah ah ah... Je t'aime, je ne comprends pas très bien pourquoi tu es déjà partie de l'Energy, tu n'es pas chez toi non plus, bon... bonne nuit.

Ça va, j'ai limité les dégâts, je crois que j'avais un ton plutôt cool. Elle est avec un mec, c'est sûr, elle n'a pas pu aller dans une autre boîte de nuit, elle déteste ça. Je vais aller ouvrir la fenêtre, il fait une chaleur étouffante et le kebab sent le cadavre, je vais le lancer dans le container à l'extérieur. Ça a dû effrayer des chats, ils sont en train de mettre l'enfer dans les poubelles ! Vite, refermer le volet.

POUM POUM, ce serait possible de dormir un peu, oui ?

Je reconnais la voix de Mario Traversoni, il est dans la chambre d'à côté. Je l'emmerde, il a fini 169e hier, il a pas dû beaucoup se fatiguer. Il fait plus frais, je me sens mieux, je me recale entre le virage 12 et le 11, je reprends pédalage et respiration, la fraîcheur nouvelle de la pièce, la fraîcheur de la cascade, tout est frais et neuf, je suis un homme neuf qui commence une nuit toute neuve. Mes paupières sont lourdes, je commence à sentir les ondes ouatées du sommeil me caresser. Je ne pense plus qu'au bruit de ma respiration dans le silence, toute cette nuit immense, sidérale, m'aspire dans l'inconscience. Les petits vertiges qui me signalent que je viens de tomber une fraction de seconde. Mes jambes moulinent sans aucun effort maintenant, je ne sens plus les aspérités du revêtement sous mes roues, je suis sur coussin d'air. Les spectateurs au bord de la route, très dignes, frappent dans leurs mains, clap clap clap, m'encouragent, monsieur Pantani, monsieur Pantani !

*

25/12/1996

Ma mère se sent seule tous les jours de toute l'année, et un jour exceptionnel comme Noël est là pour lui rappeler qu'elle est exceptionnellement seule. Seule avec moi, qui lui rappelle tous les jours qui ne sont pas Noël qu'elle est seule, seule avec moi. À Noël, on boit un petit verre parce que c'est la fête du petit Jésus, deux, trois, quatre, sonnez matines. Alors, on est seule avec sa fille, petite, et tous ces verres et tous ces souvenirs, ça fait beaucoup de monde pour être seule. J'étais très seule en face de cette femme seule qui m'offrait des jouets auxquels on joue seul. Et on sent que toute cette solitude veut aller dormir pour que tout ça s'arrête, qu'on soit demain, un jour ordinaire pour se trouver plus ordinairement seule. Marco voulait que je vienne fêter Noël avec lui dans sa famille mais j'ai refusé, je ne veux plus me sentir seule avec personne le soir de Noël. Il a dit d'accord, qu'il passerait chez moi avant d'aller rejoindre ses parents. Je suis allée lui acheter un cadeau, j'ai trouvé une perruque. Ça m'a paru drôle et puis, on est ensemble, il faut qu'on se comprenne et qu'on rie des mêmes choses. Quand je suis rentrée avec mon cadeau, je pensais qu'il serait déjà là, mais il n'y avait personne. En posant mes affaires j'ai remarqué un paquet sur le fauteuil, j'ai tout de suite regardé ce qu'il contenait. Je suis chez moi, j'ai dû penser que c'était pour moi. Je ne sais pas, je n'ai eu aucune discrétion, je l'ai ouvert, j'ai lu le mot : pour l'enfant. Il y avait aussi un chèque, un gros chèque. J'ai refermé le paquet, il était déjà adressé à Mme Casartelli, je l'ai reposé. Marco ne m'a jamais parlé de cette femme, d'une relation assez longue, assez forte, assez suivie pour qu'il y ait un chèque, un enfant, un secret. Je me suis sentie tomber des nues, ça ne cadre pas avec Marco – ou je n'ai pas été capable de voir qui il était. Je ne lui ai pas accordé le droit d'être autre chose que ce que j'avais imaginé. Ce que j'invente comme timidité, c'est peut-être du remords, sa candeur, les stigmates d'une faute. Qui est cette immaculée conception avec son jésus à qui on fait des chèques en bon Papa Noël ? En fait, c'est Keyser Söze ce mec. J'ai fait n'importe quoi pendant quelques minutes, allumé une cigarette, puis une seconde dans l'autre pièce, regardé rien par la fenêtre, laissé une bouilloire siffler. Et puis vraiment plus rien, juste senti le linceul familial morbide de Noël m'envelopper de froid hostile. Marco est revenu avec un bouquet de fleurs. Je ne pensais plus, je me suis levée pour recevoir avec joie le bouquet qu'il m'offrait pour Noël et je me suis souvenue que j'avais un cadeau pour lui. Je suis allée le chercher et quand je suis revenue, il fermait le paquet avec les fleurs dedans. T'as pas du Scotch ? J'ai posé le cadeau, j'ai trouvé du ruban adhésif dans un tiroir. On a bu une bouteille de *prosecco*, Marco était très décontracté, léger, je n'ai pas pu chasser l'enfant, le chèque, les fleurs et Mme Casartelli de mon esprit et à aucun moment je n'ai osé l'interroger. Sûrement l'ambiance de Noël et la belle joie de Marco.

Conclusion : visiblement, je ne suis pas imperméable – moins que je le croyais – aux affects douteux que génère Noël. À approfondir, autant sur le plan intime que symbolique. On dresse un sapin, je ne veux pas mettre le phallus à toutes les sauces, mais bon... je note que chaque fête combine la religion et le commerce. Le triangle Saint-Valentin / fête du Mât / Noël ?

Le concept de cadeau est intéressant aussi : au départ ce sont des rois qui les apportent au Messie. Faire un arbre de Noël d'un mât enguirlandé de lanières de chair au pied duquel les membres de l'assistance aurait le droit de déposer un cadeau qui les ferait rois – ou reines – s'ils réussissaient à le gravir.

J'ai oublié de lui offrir son cadeau. Vérifier à la bibliothèque des Beaux-Arts si des artistes conceptuels ont déjà pris en charge Noël.

11

Merde, qu'est-ce que c'est ? En pleine nuit, c'est le contrôle antidopage. Ils ont débarqué comme ça dans la chambre de Chiappucci sur le Tour de Suisse. En pleine nuit ! Je m'en fous, ils ne trouveront rien. C'est qui ?

C'est moi, monsieur Pantani, vous avez oublié mon maillot.

Mais vous êtes dingue ! Je venais enfin de m'endormir et vous venez frapper à ma porte ! L'amour de ma vie appelle alors que je suis en face de vous et vous raccrochez ! Vous êtes qui, le diable ? Vous cherchez quoi exactement, vous voulez que je vous casse la gueule ?

POUM POUM, vous allez arrêter votre bordel, oui ou non ?

Il commence à m'emmerder, Traversoni. Entrez, je vais vous le donner votre maillot mais après je ne veux plus jamais vous voir, vous ne m'approchez plus !

Je pensais que vous mangiez votre kebab, désolé.

C'est vrai, excusez-moi, je vous l'avais promis. Attendez, je vais vous le signer, si on me laisse dormir et si tout se passe bien, demain il aura déjà pris de la valeur. C'est ce qui arrive à ce maillot et c'est ce qui m'arrive à moi, je prends de la valeur. Si je pédale bien, je prends de la valeur, tu comprends ? Alors, est-ce que je vaux plus ? Tu as une idée de ce que ça fait de vivre dans un corps qui prend ou perd de la valeur ? Tu vois, c'est imprimé dans ma tête, si je perds ce maillot je perds tout. Toi, tu vis dans le corps du mec qui est à l'accueil, il n'y a pas de malentendu, quand tu te vois dans une glace, tu te dis c'est normal, c'est le mec de l'accueil. Moi, quand je croise mon reflet, je me dis tiens, le mec de l'accueil. Ah non, merde, c'est Marco Pantani qui prend de la valeur, qu'est-ce qu'il fout dans le corps du mec de l'accueil ? Et qu'est-ce qui lui arrive à ce corps ? Il tombe amoureux de la plus belle femme du monde, la plus poétique, la seule capable de comprendre ce que je suis en train de te dire, de m'aimer quand même. Si j'avais rencontré une femme juste trop belle et trop intelligente pour moi ça irait, je suis une vedette du cyclisme tout de même. Mais voilà, je tombe sur celle qui a en plus la vérité en elle, la vérité de la vie et de moi-même, la poésie qui retourne tout, qui satellise. *Che confusione*, pourquoi tout ce bordel me tombe dessus ? Tout ce bonheur trop grand qui me tombe sur les chaussures. Je voudrais être toi, finir mon travail et aller manger une *piadina* chez ma mère, que j'aimerais encore, démonter mon vélo et le remonter, remettre une vis à cette étagère qui est de travers depuis mille ans. Je veux être toi, tu es mon virage 11, au virage 11 je deviens à la taille de ma vie ou ma vie redevient à ma taille.

Vous n'avez pas mangé votre sandwich, monsieur Pantani.

Tu veux bien rester dormir avec moi ?

Je ne peux pas rester, monsieur Pantani, il faut que je retourne à mon poste de travail.

Reste un peu quand même, viens, on va faire une *scopa* ou regarder la télé et tu me traduiras ce qui se passe. Ou juste tu me parles de toi, raconte-moi ta vie.

Non non, c'est pas intéressant.

Mais si, lâche-toi, je te raconte plein de choses moi.

Ben... D'abord je travaillais dans la restauration et j'ai été licencié suite à un dépôt de bilan... Non, je ne peux pas vous raconter ça, c'est nul.

Mais si, parle-moi encore de ta vie et tu verras pourquoi elle est merveilleuse, parle-moi de l'amour, parle-moi de ta femme.

Je vis avec un garçon.

Parle-moi de lui, parle-moi de ton amour jusqu'à ce qu'il te paraisse extraordinaire.

Vous savez, moi, je l'aime, c'est comme quelque chose de précieux.

C'est ça, tu as dit le mot, c'est précieux, on doit se focaliser sur ce diamant au milieu de notre vie, qui l'éclaire tout entière. Pour moi c'est plus difficile, il y a tant de projecteurs autour, j'ai parfois du mal à le voir briller. Je ne veux pas devenir comme Charly. Charly s'est laissé envahir par la mort, il n'a pas réussi à se laisser sauver par l'amour. On est des enfants malades, on gesticule devant les femmes – pardon, devant l'amour – alors qu'on est en train de se noyer. On sait très bien que la plupart des gens se noient parce qu'ils gesticulent dans les bras de leur sauveur, ils ne savent pas s'abandonner. Parle-moi encore, dis-moi comment il t'a sauvé.

Monsieur Pantani, je n'avais pas besoin d'être sauvé, je suis quelqu'un de tout à fait ordinaire.

Tu vois, il t'a sauvé. Tu peux me dire en face avec la plus grande désinvolture « je suis quelqu'un d'ordinaire ». Moi, je n'arrive à être ni ordinaire ni normal, trop d'orgueil, trop de je ne sais pas quoi, de *confusione* ? Ce doit être parce que je l'aime. Et tout ce qui m'attend est effrayant. La gloire, rien de plus effrayant que la gloire. Il faudrait que tout s'arrête quand j'arrive au sommet, clic, arrêt sur image jusqu'à la prochaine montée, une télécommande pour que je disparaisse de la tête des gens après la ligne.

Mon père a un tee-shirt MARCO PANTANI, tu vois le délire ? Et la gloire, pour être vraiment cruelle, pour te mettre à genoux, elle te fait comprendre qu'il faudra faire aussi avec la déchéance. Sinon ce serait trop simple, il n'y aurait qu'à s'habituer. Mais non, quand tu finis par t'habituer à la gloire, tu deviens obsédé par l'effroi de la chute. Mon ami Charly dit c'est long après. Il m'a reconnu, cartographié, scanné, il sait même ce que je ne sais pas et il m'a dit c'est long après.

Il faut que je retourne à l'accueil, monsieur Pantani, et puis je vais nettoyer un peu devant votre porte, il y a vraiment beaucoup de sauce.

Laisse, laisse, je vais le faire, je te remercie pour tout ça. C'est le bordel à l'intérieur et à l'extérieur. Tu connais Ricci e Poveri ? *Che confusione ?* Vas-y, on chante ensemble, *Sarà perché ti amo...* Tu la connais, génial !

E un emozione, che cresce piano piano
Stringimi forte e stammi più vicino
Se ci sto bene sarà perché ti amo

POUM POUM, eh, oh, Pavarotti, j'en peux plus là, je vais appeler les flics !

Laisse tomber, c'est un gars de mon équipe, il a terminé 169e hier. Tu parles italien, tu as remarqué que le nom du groupe c'est Ricci e Poveri, les riches et les pauvres. Ils savent que les gens vont mettre leur vie dans cette chanson, alors ils mettent la chanson dans la vie des gens, les riches et les pauvres, ils ont pensé à tout. Un soir, au lieu de t'emmerder derrière ton comptoir, écoute bien les paroles de cette chanson, c'est une encyclopédie de la vie, un manuel de la passion amoureuse.

Je retourne à mon poste de travail, merci pour le maillot. Je ramasse quand même un peu de sandwich au passage et je vous souhaite une bonne nuit, monsieur Pantani.

*

14/01/1997

Je suis une gourde. J'ai déjà vu Marco répondre à des interviews, il est incroyablement mauvais. Comme beaucoup de sportifs il commence la moitié de ses réponses par je crois que ou je pense que. Son élocution est tellement banale et son charisme si approximatif qu'on s'ennuie avant de savoir ce qu'il croit ou ce qu'il pense. Il débite un chapelet de fadaises sur un ton monocorde avec le regard fuyant, un robinet d'eau tiède. Mon orgueil m'a poussée à croire que si j'étais à sa place, je profiterais de ces moments d'exposition pour proposer quelque chose d'original, un peu distrayant au moins. Il se trouve qu'on nous a proposé de répondre à une interview ensemble à Cesenatico, il s'agissait de montrer le champion dans les lieux qui lui sont familiers, avec ses intimes. J'ai accepté, j'ai même été plutôt flattée qu'il veuille se montrer avec moi. Il a choisi la plage, il a répondu seul à une partie des questions pendant qu'un autre cameraman me filmait déambulant sur le sable. À noter que pour me donner une contenance, j'ai ramassé des plumes que j'ai artistiquement disposées en éventail. N'importe quoi, ce besoin d'avoir l'air artiste, insupportable ! Ensuite nous avons répondu à d'autres questions ensemble. Je me suis liquéfiée et j'ai sorti une ribambelle de conneries avec rires nerveux. Vous vous êtes rencontrés où ? En discothèque, ah ah ah ah. Connasse. Une collégienne débile. Et c'est cette idiote qui a pensé qu'elle ferait infiniment mieux que Marco ? Cette idiote qui croyait pouvoir manipuler son image pour en faire une œuvre ? Cette cruche qui pensait mettre sa vie en scène ? Eh bien, ma fille, il y a du boulot.

Conclusion : enterrement définitif du projet « Art narratif ».

10

Mercure, dieu des voleurs
Messager, voyageur
Dieu aux sandales ailées

C'est un peu gonflé de partir sur l'idée d'un dieu, on va me taxer de mégalomanie. Mais l'image du dieu aux petites ailes sur les pieds m'est souvent revenue dans les ascensions. J'ai vu que c'était Mercure sur l'enseigne d'une compagnie d'assurances du même nom. Les petites ailes, c'est plus haut, toujours plus haut, c'est le deuxième souffle. Le dieu des voleurs, ça me plaît, les grimpeurs ont toujours été des voleurs, notre butin, c'est la fuite. C'est important de commencer dès maintenant cette chanson, ça va me calmer, j'aurai l'impression de reprendre un peu ma nuit en main. Si j'arrive à la finir avant les Championnats du monde, je pourrai l'enregistrer cet hiver. Je vais garder l'idée de Mercure.

Mercure dieu des voleurs
Messager, voyageur
Dieu aux sandales ailées
Mon temple est élevé

Là je passe à la première personne, je brouille les pistes, on ne sait pas si c'est moi le dieu ou si je suis un disciple qui grimpe pour honorer son dieu au temple. C'est bien qu'on ne sache pas trop, c'est comme ça que les gens s'approprient les chansons, ils ont la place pour eux, pour leur histoire. Demain, j'appellerai Christina pour lui lire, j'ai hâte de savoir ce qu'elle en pense.

Oh, je ne suis pas un dieu
Je ne suis qu'un amoureux.

Rupture totale, je mets les choses au clair. Je vais trouver les deux phrases qui termineront le couplet avant de retourner me coucher. Ça fait une éternité que je n'ai pas dormi avec Christina, ça me manque horriblement, c'est ça qui m'empêche de dormir. Comment ils font les autres, ils ne sont pas vraiment amoureux ou ils sont ultra-forts ? Je ne peux pas admettre que la douleur accompagne toujours le sublime, quelque chose en moi se révolte, crie, se cabre, rue, refuse absolument cette idée. Quand est-ce qu'on a la paix alors, en n'aimant pas ? En ne vivant rien ? *Che confusione*, il est vraiment fort cet Enzo Ghinazzi. En travaillant tous les soirs après les étapes, j'arriverai bien à pondre un bon texte, où est-ce que j'en étais ? Je ne suis qu'un amoureux... Là, il faut que je revienne aux rimes en *é* pour la symétrie du couplet. Je peux placer la phrase de Charly.

Qui s'élève pour pirater
Les temples de l'Antiquité
Dans les cols inspirer
La crainte et le respect

Pas mal, ça explique l'idée des dieux et j'introduis discrètement le personnage du pirate. Je l'introduis discrètement pour qu'il mette le feu au Capitole. Mais la phrase de Charly est un peu à côté de la plaque. Alors, ça donne quoi en entier ?

Mercure dieu des voleurs
Messager, voyageur
Dieu aux sandales ailées
Mon temple est élevé
Oh, je ne suis pas un dieu
Je ne suis qu'un amoureux
Qui s'élève pour pirater
Les temples de l'Antiquité

La dernière phrase sonne pas terrible, il y a mieux à trouver. L'idée de pirater le vieux monde est bien mais c'est un peu lourd, je crois que c'est le mot temple qui ne passe pas. Je verrai ça à tête reposée, je suis arrivé au bout de mon couplet, je vais pouvoir dormir sur mes deux oreilles. C'est mon couplet qui me fait passer le virage 10. Un couplet ou un virage, c'est exactement la même chose, tu le passes ou pas, tu l'écris ou pas. Un virage de plus dans la carrière d'un cycliste, ce n'est rien, et pourtant c'est tout ; si on ne le passe pas, on ne verra jamais les suivants, toute la suite est changée. Un mot sur une feuille, ce n'est rien non plus, mais s'il n'est pas écrit, l'histoire qu'il y a derrière n'existera pas. J'ai dépassé la moitié de l'ascension, je suis fatigué, le pirate va se coucher.

*

02/02/1997

Ça va, Marco ? Quand est-ce que tu reviens, Marco ? Bon courage, Marco ! On t'attend, Marco ! Ça va la jambe, Marco ? C'est une expérience de se promener dans les rues de Cesenatico avec Marco Pantani. J'étais d'ailleurs surprise qu'il me propose d'aller faire un tour, en général il évite. Tout le monde aborde Marco, tout le monde le tutoie, il appartient à tout le monde. Il a de la chance, c'est une vedette, il a de l'argent et il sort avec une jolie blonde. Cesenatico en hiver, c'est *Mort à Venise* sans Venise. Au début de l'hiver, des bulldozers poussent le sable, l'amoncellent à la limite des vagues. Pour préserver la plage de l'érosion je suppose. À Cesenatico, l'hiver, on range la mer, on l'emballe dans le sable de la plage, on ne veut plus en entendre parler. Dans la vieille ville, il y a des sortes de grands puits dans lesquels ils empilaient le poisson pêché l'été avec de la glace pour éviter de sortir en mer l'hiver.

Ici, on range la mer en hiver, depuis longtemps. On a marché jusqu'à une sandwicherie, une *piadineria* plus exactement, je me suis vite doutée que c'était celle de sa mère. On commence à se connaître avec Tonina. Se connaître est un bien grand mot, chacune a vu dans l'autre ce qu'elle voulait voir. En moi, d'abord elle a vu l'étrangère, je ne me suis jamais sentie aussi étrangère que devant Tonina. Une étrangère qui vole les fils comme on vole des poules, une étrangère absolue. En second, elle a vu une mère potentielle, celle qui peut donner un fils à son fils. Ensuite, une blonde de discothèque incapable de faire des pâtes à l'*arrabbiata*. Elle a été aussi aimable qu'elle le pouvait.

Moi, j'ai vu une femme frustrée, totalement aliénée par le patriarcat avec des petits territoires réservés, comme son intérieur, ses sandwiches et Marco. Qu'est-ce qui se passe avec les mères italiennes et leurs fils ? J'aime beaucoup le malaise timide de Marco, sa pudeur insondable, mais ça, c'est dans l'absolu. Voir se dessiner les liens psychologico-familiaux, l'ascendance du phénomène est très désagréable, surtout quand ces liens sont si prévisibles.

La mer était rangée, on est entrés dans la boutique de Tonina et Marco s'est débrouillé pour que je me retrouve de l'autre côté du comptoir avec sa mère et a insisté pour que je l'aide. Je n'ai pas bien compris où il voulait en venir et, comme on pouvait le prévoir, l'expérience a été épouvantable. J'étais une souris dans les griffes du chat, potiche godiche, l'étrangère non-mère, la bonne à rien. J'ai vu le triangle nourriture / sexe / maternité.

Conclusion : introduire la problématique de la nourriture dans ma réflexion. C'est la vraie femme qui sait faire la vraie nourriture – celle qu'on donne aux rois est faite par des hommes. La nourriture de l'ombre, celle qui fait grandir les enfants, qui crevasse les mains, celle qu'on ne célèbre jamais est faite par les femmes. C'est la soupe de vagin. Celle qu'on fait avec des carottes, des courgettes, des poireaux, tous ces légumes bites. Les légumes sont l'instrument diabolique de la nature pour baiser la femme.

Étudier aussi cette question : quelle position prend l'artiste, quel pouvoir s'autorise-t-il ? Tonina, qui a tout pouvoir dans son espace, m'a mise dans une situation extrême. L'artiste peut prendre cette position. Peu explorée à part dans les performances sadomasochistes.

En conséquence, creuser aussi les rapports induits par la nourriture dans la sphère sadomaso.

J'ai été touchée par la peine de Marco en sortant, il y avait deux femmes derrière un comptoir et il n'a pas existé.

9

Mon corps est posé sur son support, en toute sécurité. Je profite de ce moment où mon corps peut totalement lâcher prise. Je le détends encore un peu plus profondément, je le sens s'alourdir dans le support qui l'accueille, les tensions excessives s'effacent, le pirate va bientôt dormir. Je vois de plus en plus de banderoles Il Pirata au bord de la route, les fans ont vite compris. C'est magique, il suffit de suggérer quelque chose, peut-être même juste le penser ou le désirer très fort pour que ça arrive. Je ne me souviens pas avoir dit dans la presse maintenant je suis Il Pirata, ni avoir signé Il Pirata sur un autographe, ça s'est fait presque par osmose, Elefantino ne leur convenait pas non plus, apparemment. Je laisse cette vague de détente envahir tout mon corps. Contrairement à Elefantino, Il Pirata n'a pas de problèmes de sommeil, il écume les pelotons, file avec son butin dans la montagne et dort dans son antre, sans rêves. Je pourrais me faire tatouer un bandeau sur l'œil, je suis sûr que ça plairait beaucoup à Christina. Elle m'a dit un jour qu'on avait tous les deux à naître de notre amour, c'est toujours elle qui arrive à formuler ce que je pense. Je m'endormirais beaucoup plus facilement si l'image mentale que j'ai de moi était le pirate. Je me recentre sur le visage, je relâche le front comme un lac paisible, calme, plat. Virage 9, je ne suis plus que le pirate. Le support qui accueille le corps de plus en plus lourd du pirate est une dalle rocheuse au milieu de sa caverne. Je suis parfaitement en sécurité, ce support pour mon corps, cette dalle m'isole de tous les parasites et me charge d'une sérénité tellurique. Mon corps sur cette dalle est une batterie qui se recharge, il dort. Bonne idée d'avoir écrit ces quelques lignes, je me sens beaucoup mieux.

*

08/02/1997

Grande discussion avec Marco. Il s'étonnait de ne jamais me voir peindre. Je lui ai expliqué qu'un artiste plasticien aujourd'hui n'était pas forcément amené à peindre. J'ai pris en exemple un ou deux artistes biotechnologiques. Leur corps est la toile, ils créent avec la chirurgie plastique, avec n'importe quel type d'implants. Il a tout de suite été très intéressé, m'a dit que c'est ce dont il rêvait, finalement, en finir avec cette tête qu'il n'avait pas choisie. Il m'a dit qu'il avait la sensation de n'avoir rien pu choisir, que sa personne est comme un ornithorynque – ce sont ses mots –, un composite d'éléments qui n'ont rien à faire ensemble. Que l'idée d'harmoniser un peu tout ça ne le dérangeait pas du tout. J'ai pris en charge la conversation parce qu'il a toujours un peu de mal à formuler ses concepts, mais on est tombés d'accord sur le fait que c'est quelque chose qu'on pouvait faire ensemble, qu'on avait tous les deux à naître aux yeux de l'autre. Il m'a dit c'est exactement ça et il m'a cité les paroles d'une chanson qui, pour lui, illustrait parfaitement cette idée. Je n'ai pas retenu laquelle.

Conclusion : je vais lui proposer une première étape de création sous forme de jeu. On va lister ce qui ne lui plaît pas dans son apparence, voir à quoi ça correspond et vers quoi il aimerait aller. On a rarement été aussi bien ensemble.

8

La détente de mon front s'étend et s'étire jusqu'aux tempes. Virage à droite, le ciel devient bleu foncé, deux pylônes réunis comme une potence. Les muscles autour de mes yeux se détendent. Après le virage 8, ligne droite de 500 mètres à 9 %, un peu d'ombre sur le côté droit de la route. C'est dur, au fil de la montée, la distance semble de plus en plus longue entre deux virages. Au 8 on longe un cimetière, un magnifique petit cimetière, un de ces cimetières qui vous donnent envie de mourir. En août 1992, j'ai gagné le Baby Giro, j'ai signé mon premier contrat professionnel chez Carrera et Fabio a gagné la médaille d'or aux Jeux olympiques. On est tous les deux devenus grands en août 1992. Il a fait le final comme un pistard, à un moment presque à l'arrêt pour garder la deuxième position, à 100 mètres il sprinte et il rapporte la médaille en Italie, il a eu son heure de gloire. On avait tous les deux vingt et un ans et on est devenus grands. La détente descend sur mes joues, ma bouche se décrispe. En 1995 j'ai gagné ici à l'Alpe-d'Huez, le 12 juillet. Le 18 juillet il est tombé et il est mort. Pas de chat noir, pas de 4 × 4, il est tombé et il est mort et demain en longeant le cimetière, je penserai à Fabio Casartelli et j'aurai de la peine parce qu'il avait beaucoup plus de facilité à vivre que moi. Je me plains de n'arriver à rien, d'être déprimé, de ne pas m'aimer, et lui, il est mort. Il vivait peut-être avec sa femme l'amour, le vrai, et peut-être qu'il y arrivait et qu'ils trouvaient ça miraculeux, plus grand que la vie et plus grand qu'eux, et il est mort. Deux mois après je m'explose contre un 4 × 4 à 80 km/h et au lieu de mourir, je rencontre l'amour. Au moins, son fils était trop petit pour l'avoir connu, et puis c'est chiant un père. La perspective de voir le mien demain, totalement exalté derrière la ligne d'arrivée, m'embrasser et me serrer dans ses bras, me donne la nausée. Fabio, ce cimetière et moi sommes liés à jamais. *Il mondo è matto perché.* Le rien derrière le pourquoi, c'est aussi Fabio Casartelli mort, ce petit cimetière dans la montagne et moi qui monte sur cette route à 9 %, les jambes douloureuses. Tout ça n'a aucun sens, alors on va pédaler et relâcher la mâchoire inférieure, je me détends de plus en plus. J'ai lâché tout le monde depuis longtemps, je ne me souviens même plus qu'il y a d'autres coureurs. Je ne connaissais pas bien Fabio Casartelli et je veux croire qu'il avait rencontré l'amour, je ne croirai pas autre chose. Ce que j'aime chez Christina c'est qu'elle ne voudra jamais devenir Mme Pantani. Je la déteste pour ça.

*

11/02/1997

On a mis en route la première phase du jeu créatif : lister ce que Marco voudrait voir disparaître chez lui.

– La calvitie. L'hypothèse implants a été vite évacuée, il dit qu'il est déjà connu et que ça ferait bizarre pour le public de le voir revenir avec des cheveux. Ça m'a rappelé la perruque mais j'ai renoncé une fois de plus à lui offrir. Autant dire qu'il n'est pas très chaud pour les transformations biotechnologiques, dommage. On a opté pour deux possibilités :

1. Rasage rigoureux et quotidien, on règle le problème par le vide. Marco m'a exposé sa théorie sur la différence entre calvitie et crâne chauve, où commence l'une, où finit l'autre, etc. Épilation définitive envisagée.

2. Je lui ai noué une de mes larges écharpes sur la tête, le résultat est improbable mais ça lui a beaucoup plu. Il a argumenté sur l'intérêt de plaquer les oreilles sous le bandana, ce que la casquette de cycliste ne permet pas.

– Les oreilles. Il n'aime ni leur forme ni leur implantation. Il les tient pour responsables du surnom Elefantino, et ça le révolte. Pour creuser un peu, je lui ai demandé si c'était la fragilité du personnage de Dumbo qu'il n'assumait pas et il s'avère que ça a plus à voir avec sa mère. Il trouve que la chanson du dessin animé est insupportable, *Mon bébé si joli, maman veille, mon petit*, il n'encaisse pas. Il n'est pas contre la chirurgie esthétique mais il dit qu'il a passé trop de temps à l'hôpital cette année. On verra en temps voulu, ce sera peut-être l'occasion de leur donner une forme marrante qui contredirait Elefantino. On verra, pour le moment on en reste à la solution évoquée plus haut.

– L'expression générale de son visage. Il ne se trouve pas terrible mais pas laid non plus. Son problème, selon ses termes, c'est la candeur un peu bébête qui se dégage de son physique, il plaisante en disant que, même affublé d'une calvitie, il a l'air d'un gamin. J'ai suggéré qu'il se laisse pousser la barbe.

7

Mes cheveux repoussent, ils accrochent sur le drap, surtout ne pas oublier de me raser la tête demain. Pas de cheveux, c'est plus d'entretien que des cheveux. Au virage 7, on voit la station pour la première fois et le ciel a pris le pouvoir. Moi aussi. Après le virage 7, on commence à être en haut, c'est chez moi, je pédale plus vite que les autres quand la pente est forte, point. Tout ce qui m'arrive vient de là, je suis seul et je sais que personne ne me rattrapera, je peux même tomber, je gagnerai quand même. Envoyez tous les chats noirs de la région, pas de problème, un 4 × 4 à contresens si vous préférez, je finis à pied mais je gagne quand même. C'est inéluctable, comme le sommeil qui va m'envahir bientôt, c'est ce qui finit toujours par arriver quand la route monte. Je n'aurai plus mal, plus rien d'autre n'aura d'importance, Il Pirata n'existe plus non plus, tout ce qui se passe entre le virage 7 et l'arrivée m'appartient, à moi seul. C'est mon travail, je vais mettre le feu à la montagne, beaucoup de gens viennent me voir et ça les rend fous. Je fais le même métier que Christina, j'attire les gens sur la piste de danse. Après le virage 7, je le vérifierai encore une fois, je serai en paix, j'oublierai même que je dispute une compétition. Et puis je reviendrai à moi, à la course, je descendrai un pignon, je me mettrai en danseuse et je placerai une accélération phénoménale, tout à fait gratuite qui n'appartiendra qu'à moi. L'inclinaison est en dessous de 8 %, j'ai l'impression que c'est plat, je vais vite. Jusqu'en haut, comme dans la chanson, on ne fera que répéter les couplets précédents, le monde est fou parce que je pédale plus vite que les autres quand la route s'élève. Le monde est fou sauf Christina qui s'en fout, que je gagne ou que je perde, elle s'en balance complètement. C'est une artiste, la performance sportive ne l'intéresse pas, la loufoquerie qui a posé une figurine de coureur cycliste dans sa vie la comble. Il n'y a plus qu'elle et moi au virage 7, on a attiré tout le monde sur la piste de danse et on est seuls. Le monde est fou parce que Christina danse. Est-ce qu'il lui arrive d'être jalouse en voyant les foules que j'attire sur la piste pour m'acclamer ? Je ne vais pas l'appeler, je sais que si je le fais, c'est juste pour vérifier qu'elle est rentrée. La détente descend jusqu'à mon menton, je sens que tout mon visage est détendu, ce courant de détente descend dans mon cou. Si elle acceptait mon argent pour faire une école d'art, ça simplifierait les choses. Je comprends qu'elle défende si fermement son indépendance, mais c'est fatigant. On attire un monde fou, mon sommeil m'appartient jusqu'à l'arrivée, plus rien n'a d'importance.

*

13/02/1997

Le dispositif se précise et s'étoffe. J'ai recyclé l'appareil photo numérique : je l'ai posé sur un trépied face à un mur sur lequel j'ai tracé un ovale qui sera le gabarit pour positionner la tête de Marco. On prendra deux clichés par jour à partir d'aujourd'hui pour fixer toutes les étapes de la transformation. Le premier événement sportif auquel il participera commence le 17 juin, ça nous laisse cinq mois, soit approximativement cent cinquante jours. À raison de douze images par seconde et deux images par jour, ça donne vingt-cinq secondes de film. Ainsi, quoi qu'il arrive, on aura une séquence d'une trentaine de secondes avant le Tour de Suisse. On a réessayé le bandana, Marco s'est regardé, a arraché le tuteur de mon ficus et s'est lancé dans une cavalcade par-dessus tables et chaises en brandissant son sabre.

Allons, les amis, approchez,
Venez tous à bord de la frégate du grand capitaine Crochet,
Faites votre choix, c'est votre droit,
Le fond de l'eau ou avec moi.

J'ai eu peur pour sa jambe encore convalescente, mais il chantait et bondissait avec tant de joie, conjurait la chanson de Dumbo avec tant de force qu'on a gardé le personnage du pirate. Pour préciser encore le stéréotype, et pour faire en sorte qu'il fasse autre chose qu'un complexe avec ses oreilles, on a décidé d'aller ensemble acheter un anneau. On a installé un tabouret réglable devant le mur pour que la tête de Marco s'inscrive parfaitement dans l'ovale, comme au Photomaton. On attend toujours que sa barbe soit assez longue pour les premiers clichés. La boucle d'oreille fonctionne bien. La couronne de cheveux autour de son crâne pousse aussi, le rasage promet d'être spectaculaire.

6

Quand on est cycliste professionnel, on devient docteur. Tu tires à fond sur ton organisme, tu en connais les moindres recoins, après on te masse en t'indiquant le nom des muscles, je commence à être au top en anatomie. Si tu as un petit coup de mou, on te donne des compléments alimentaires pour que tu restes à ton poids de forme sans carences, je pourrais être conseil en diététique. On te donne d'autres trucs pour la récupération et l'oxygénation en t'expliquant que l'oxygène est le carburant de tes muscles, je pourrais ouvrir une pharmacie. Je maîtrise ma respiration, de plus en plus calme, je diffuse doucement un air serein dans mes membres. Je sais par exemple que j'ai une capacité pulmonaire de 6 litres. La capacité d'un homme normal est de 3 ou 4 litres. Tous les petits muscles de ma nuque se détendent. C'est pas évident de les détendre la nuit, parce que pendant toute la journée je leur apporte des quantités industrielles de carburant. Des trains entiers, des wagons-citernes, des norias de semi-remorques à flux tendu, logiquement, il a fallu trouver énormément de personnel de manutention pour décharger tout ça dans les muscles. L'oxygène n'est pas déversé en tas par camions-bennes, c'est plein de petits paquets qu'il faut poser au bon endroit, les faire entrer par l'ouverture à la bonne taille. Sinon cette montagne de carburant finit par moisir dans les containers et repart d'où elle est venue, c'est du gâchis. Au virage 6, il me faut toute la main-d'œuvre disponible, mes 6 litres de capacité pulmonaire nécessitent une main-d'œuvre laborieuse et dévouée. C'est les usines Fiat d'Agnelli, la ruche, le plein-emploi, les gardes-chiourmes fouettent, les tambours scandent un rythme affolant. Mais maintenant c'est la nuit, mes jambes sont lourdes, on fait pas les trois-huit, tout le monde au lit, extinction des feux dans les cités ouvrières. Demain on a une grosse livraison, faudra pas venir me dire je suis fatigué j'ai pas assez dormi. Mettez-vous bien dans la tête qu'au virage 6, c'est tout le monde sur le pont, et les tambours c'est du speed metal qu'ils vont jouer, je vous aurai prévenus. J'ai de gros poumons et de grandes oreilles, c'est étrange, c'est deux organes qui ont un peu la même forme. J'en parlerai à Christina, je suis sûr que ça va l'intéresser. Christina et moi, on attire du monde sur la piste de danse et demain, ce sera l'affluence des grands jours.

*

14/02/1997

On a pris les deux photos quotidiennes. Marco, bougon, fait tout de mauvaise grâce. Après quelques minutes bien tendues, il finit par me lâcher qu'aujourd'hui c'est la Saint-Valentin et qu'on s'est rencontrés le jour de la Saint-Valentin – merci, je sais – et que même si j'étais pas très romantique, ça pouvait se célébrer. J'ai ri et je lui ai raconté ce que j'ai commencé à imaginer autour de la Saint-Valentin. Il s'est mis très en colère et m'a dit des choses horribles : que je n'étais pas obligée de faire l'artiste systématiquement, que les sentiments existaient aussi – merci, je sais. J'étais effondrée de voir qu'on pouvait régresser à ce point et aussi rassurée parce que j'ai pu vérifier que la Saint-Valentin actionnait les mêmes affects baveux que Noël. La Saint-Valentin et Noël sont de vastes conspirations qui ont pour but la destruction de l'espèce humaine. Je suis embêtée parce que ça arrive justement dans une période où on est bien ensemble, à égalité. J'espère qu'il va vite se produire quelque chose qui effacera cette connerie. On verra demain s'il vient pour les photos.

5

Les corps s'uniront le long de la route. Pas de musique, chaque danseur a son tempo, la course donne son tempo et tout le monde bouge. Et, comme Christina, je suis au centre de la piste de danse. Tout le monde est au boulot dans mes jambes et tout disparaît ; le décor, la route, on ne voit plus que les danseurs. Jusqu'au virage 5, la route appartient aux coureurs, le ruban noir est toujours net, de chaque côté, une haie de danseurs le célèbre, le ruban noir est notre stade.

Dieu aux sandales ailées
Mon temple est élevé

Mon sport est la seule religion où le public touche les dieux, on les accueille chez soi, on ne paye pas son billet.

On roule tous les jours sur une route avec sa petite voiture pour aller au travail et quand les dieux sont là, cette même route devient temple. Après le virage 5, les deux ruisseaux de danseurs qui longeaient la route jusque-là débordent, écument, confluent en un océan qui s'ouvre devant les dieux. Et là on change de sport, les danseurs lancent le pogo, la route ne défile plus sous mes roues, elle s'ouvre et me happe, je plonge, je ne vais plus nulle part, seul l'effort existe. Un lien nouveau, aquatique, se crée entre l'effort et les danseurs, ma souffrance est leur musique. Je respire de plus en plus calmement, je suis presque en apnée, un océan de douceur m'enveloppe, mon corps flotte. Jusque-là, le défilement de la route mesurait ma progression, il s'évanouit, je pédale abstrait. Peut-être n'est-ce plus la route sous mes roues, peut-être que tant que ça monte et que je suis au milieu de la foule, je suis dans le vrai, route ou pas. L'océan de bruits gronde, comme un seul mot qui s'étirerait plus encore que le *misericordia* de Monteverdi. Jusque-là les sons défilaient comme la route, donnaient, eux aussi, la mesure du déplacement, maintenant ils me portent comme porte l'océan et on sent que plus l'eau est profonde plus elle porte. Je la hais cette foule venue danser autour de mon agonie, alors j'accélère encore pour rentrer dans le tas, faire des blessés, mais elle s'ouvre inexorablement devant moi, je ne la rattrape jamais. Alors je l'aime, elle est plus forte que moi, plus aimante que n'importe qui, elle s'ouvrira toujours devant moi. Jamais plus vite que moi, jamais moins vite, elle est moi. Bouillon d'haleines, de trémolos, de frôlements, il n'y aura plus de virages ensuite, ce seront des paliers de décompression. J'entends l'air circuler dans les tuyaux, les bouteilles d'oxygène bullent, mon corps lévite entre deux eaux, il passe encore un palier vers un océan de sommeil.

*

11/03/1997

Marco est maintenant assez barbu et chevelu, on peut se lancer dans le rasage progressif. On a décidé de faire deux photos de chaque phase de rasage, ça allongera la séquence en soulignant une étape cruciale. On ne s'en était pas aperçus parce que la pousse est progressive, mais Marco a la barbe et ce qui lui reste comme cheveux très fournis. Je trouve que cette allure de clochard illuminé lui va très bien, mais pour lui ça pose un problème d'aérodynamique et ce n'est pas assez en rupture avec son personnage d'avant. C'est vrai qu'on était partis sur le pirate. Il s'est d'abord rasé la tête sans toucher à la barbe. Au résultat, il n'avait pas l'air assez méchant à son goût et toujours le problème de l'aérodynamique – c'est sûr, ça faisait un peu nounours. Alors on est allés prendre une glace et louer la cassette de *Peter Pan* parce que dans ses souvenirs, la barbe du capitaine Crochet était celle qu'il voulait. On a été un peu désappointés au visionnage, le capitaine Crochet ne porte qu'une moustache. Il faudra que je lui dise un jour que je n'aime pas manger des glaces en hiver. Ensuite, on a gardé la barbe mais courte. Pas mal. Le résultat est plus inquiétant qu'effrayant (puisqu'il veut faire peur...).

Étape suivante : une sorte de bouc qui rend son visage beaucoup plus sévère. Forcément, il était conquis.

Pour finir, la moustache exactement comme celle du capitaine Crochet, fine, assez longue avec une petite pointe sous la lèvre inférieure. On était proche de l'image classique du pirate avec charme vaguement mousquetaire. Ça m'a beaucoup plu, lui, je ne crois pas. C'est très intéressant d'observer quelqu'un changer. Se faire à de nouvelles potentialités, se regarder enfin, se dompter. On a regardé la séquence de photos ; ça marche ! On voit défiler à toute vitesse toutes ses humeurs du jour, il change mille fois d'expression en quelques secondes, c'est beau.

4

La multitude ne produit qu'un son lourd et indistinct, ralentit la bande. Le vortex qui m'aspire s'incurve, je m'abandonne à cette immersion qui se confond avec le sommeil qui me gagne, je suis presque sûr d'avoir perdu conscience un bref instant. Je n'ai plus aucune envie d'appeler Christina, ça me coûterait même de me redresser pour lui téléphoner. *E vola vola con me*, moi aussi j'ai quelque chose qu'elle ne connaîtra jamais : se noyer dans l'océan de danseurs, descendre les paliers, mais je ne sais pas en profiter. Il ne s'agit pas de gagner un peu de pouvoir, mais d'en profiter pour savoir à chaque seconde de mon existence que j'ai quelque chose à moi qui lui est inaccessible, que je m'élève aussi vers un mystère. Pour avoir moins peur, en faire un socle ferme et stable comme celui sur lequel mon corps s'endort. En profiter loyalement, pour notre bonheur. La foule s'écarte et j'entre en elle comme dans Christina, avec volupté, je crois chercher le plaisir et je trouve l'oubli. *Fuori e dentro di te*, à l'intérieur et à l'extérieur de toi, je m'insinue entre les montagnes et la foule vulve, le vortex m'aspire à droite.

*

15/03/1997

De toute évidence, on est arrivés au bout du processus de transformation. Je n'avais pas bien réalisé qu'après le rasage, en termes de transformation, il ne se passe plus grand-chose, donc le film est très court. On a décidé de continuer à prendre deux photos par jour, on verra ce que ça donnera. Marco a recommencé à faire du vélo quotidiennement. Il aimerait participer à une petite course amateur pour se préparer mais il dit qu'on ne le laissera pas s'inscrire, qu'on le reconnaîtrait tout de suite et que ça sèmerait la confusion dans la course. J'ai une solution, regarde, j'ai un cadeau pour toi. Ça l'a beaucoup amusé et il est d'accord pour essayer mais en rasant son bouc sinon ça fait vraiment trop bizarre. C'est vrai que de longs cheveux blonds avec une barbe noire... Et la barbe rasée puis repoussée apporte quelques secondes en plus à notre petite séquence. On a fait deux photos avec la perruque, elle a sa place dans le processus de transformation. Je suis contente, il commence à pouvoir se regarder sans être affligé, il prend en charge son aspect physique et démêle le rapport qu'il a à son image.

Il est vraiment parti avec la perruque et je crois qu'il va vraiment la porter pour cette course. On est en train de faire une œuvre et je suis moins réticente, dans ces circonstances, à employer ce mot.

Conclusion : il semblerait que depuis un an je n'ai pas lâché le désir de concrétiser une démarche. Marco m'y a aidée et cette démarche a aidé Marco et moi, c'était presque l'idée de départ. Faire quelque chose pour ne pas sombrer. Danseuse de boîte de nuit femme de cycliste. On nous a donné une année et on l'a prise, on en a fait quelque chose. La saison va bientôt reprendre, je dois trouver une idée pour la suite et trouver comment financer une école, vite.

3

J'accouche à l'envers, j'entre dans un utérus, je fais une expérience d'isolation sensorielle. Le bruit et la fureur font une poche amniotique, les cris et les moteurs les basses confuses de l'extérieur, le monde est dehors, je suis dans l'œuf. Je ne respire presque plus, je suis fœtal, les ondes de sommeil de plus en plus nettes me plongent dans une paix primale. Mes pensées ralentissent, s'espacent. Dans ces espaces vient se loger une torpeur irrépressible. *E vola vola con me*, Christina vole avec moi dans la foule des danseurs amniotiques, *stammi più vicino*, serrons-nous plus fort, on ne sait plus si on a la tête en bas, si l'on coule, si l'on émerge. La foule a mangé la montagne, c'est un magma, une agitation moléculaire, tout est connecté, comme dans la forêt de Charly. Je suis la foule qui est la montagne qui est posée à l'envers sur un ciel de plus en plus bleu. Tout repose sur le ciel, c'est sur le ciel que je vais tomber quand je vais naître à l'envers.

*

07/05/1997

Marco fait de plus en plus de vélo, il s'entraîne, prend des engagements pour des courses, le cycliste est de retour. Un an s'est écoulé et tout ce que j'ai réussi à inventer est dans ce cahier. Plus un petit film d'une trentaine de secondes. En un an je n'aurai réussi à imaginer que ça, c'est effrayant ! J'ai noté des impulsions mais je n'ai rien développé. Ça me rend jalouse de voir Marco appelé, happé par ce qu'il sait faire. S'il ne pédale pas, c'est qu'il ne peut pas. Moi je peux, je veux et rien ne m'appelle, je ne sais rien faire. Je n'ai pas de vélo à démonter, de pinceau à nettoyer, je vais être obligée d'être très bonne parce que je ne suis personne. Surtout pas la femme de Pantani qui fait de l'art parce qu'elle est désœuvrée, quelle horreur ! Je dois mettre la main à la pâte et l'autre dans le cambouis. Rien n'est pire qu'une artiste sans œuvre. Il faut que dès demain j'aie au moins une croûte à montrer (même à moi seule, même la pire merde). Tout sauf pérorer sur une idée que j'ai à moitié eue et qui est peut-être nulle, expliquer que je suis en train de faire quelque chose qu'on ne peut pas encore voir sans avouer qu'il n'y a rien. Je ne veux pas que la vie se referme sur moi. Demain, j'irai acheter des pinceaux et de la peinture, n'importe laquelle, et je me salirai les mains et quand j'aurai les mains sales, je m'inscrirai à l'école. Un an est passé et je n'ai même pas commencé les démarches. La seule chose que je pourrais montrer aujourd'hui, c'est le petit film de la transformation de Marco. Je n'ai pas rien fait, et ce que j'ai fait, je l'ai fait avec lui. Ce n'est pas rien.

2

Christina décrit une courbe serrée sur la droite, dauphin qui s'écarte du sillage, je la suis, les danseurs se referment sur nous, la lumière ne passe plus, on est dans le ventre. On ne baigne plus que dans les basses sourdes d'où émergent des tintements aigus. Christina et moi décrivons dans l'espace de son des arabesques d'hippocampes ivres.

*

26/05/1997

« Les étudiants étrangers qui ont l'intention de s'inscrire au cycle d'études de trois ans dans le domaine des arts visuels devront passer un examen d'admission qui consiste en un entretien visant à vérifier l'aptitude, la motivation et les bases requises pour le cours choisi. »

– Motivation : j'ai déjà bien défriché la question dans ce cahier. Mettre tout ça en forme, insister sur la nécessité de m'exprimer sur la question du genre et la relier à mon vécu. Mentionner ou pas Marco, sa place dans le processus ? Y réfléchir, décider.

– Bases requises : je suppose qu'il s'agit de culture générale et d'histoire de l'art. Il faut que j'entre en contact avec d'anciens étudiants pour savoir quels domaines privilégier, je ne peux pas me faire une culture transversale en quelques mois. Je crois que Mario avait préparé le concours, lui poser la question. Il y a une bibliothèque importante à l'académie, prévoir au moins deux jours par semaine de consultation des ouvrages et mise en fiches.

– Entretien d'aptitude : quelles aptitudes, dessin, peinture, conception d'un projet ? Essayer de prendre rendez-vous à l'académie pour éclaircir ce point. La moitié de mon salon s'est transformée en atelier. Marco est venu plusieurs fois peindre à côté de moi. La lumière du printemps entre dans la pièce, c'est très gracieux. Je ne suis pas plus douée que lui. Bien sûr, il est très figuratif, mais il fait preuve d'une décision dans le geste que je n'aurais pas soupçonnée. Il peint surtout des autoportraits, je pense que ça l'aide à digérer sa transformation. Il est très curieux et souple en matière d'arts visuels mais indécrottable au niveau de la musique. Il accorde à la variété italienne une profondeur presque sacrée, incompréhensible. C'est agréable de travailler à côté de quelqu'un qui n'a aucune préoccupation conceptuelle, ça me libère et me fait aller vers des choses très simples. J'ai commencé une série de légumes que j'aimerais voir exister dans toute leur dimension érotique.

1

Je me suis endormi dans la foule, je m'endors. Virage à droite, virage 1. Charly m'a dit tu verras, c'est long après. On dirait qu'il y a toujours quelque chose après et que c'est long. Ce qu'on apprend au virage 1, c'est que ce n'est pas la fin, qu'il y a toujours quelque chose après et que c'est long. Tout est moins bien, la pente est moins raide, il y a moins de monde, on entre dans la station, palier de décompression vers le réel. Après le virage 1, il reste 2 kilomètres, une longue ligne droite et au bout un gros virage à droite, le virage qui n'a pas de numéro, le virage qui n'existe pas. Demain je vais honorer ce virage et tout ce qui ne compte pas, je placerai encore une petite accélération, debout sur les pédales, à fond, et je le prendrai complètement à l'extérieur, je saisirai au vol l'éclat dans l'œil d'un spectateur, mon visage à quelques dizaines de centimètres du sien, je verrai dans cet éclat qu'il est sûr que c'est lui qui me fait gagner, que ma victoire sera la sienne, comme la chanson de Ricci e Poveri est la mienne. Honorer ce qui ne compte pas, c'est ce que je ferai au virage qui n'existe pas. C'est long après, j'ai lâché tout le monde depuis longtemps. Je monte vite pour abréger mon agonie et, en guise de récompense, c'est long après, un long tournicotis dans la station et puis l'autre virage non comptabilisé. Mais celui-là existe, parce que c'est le dernier, parce que c'est celui où j'ai failli tomber il y a deux ans, palier de décompression vers le réel, celui qui met dans l'axe de la ligne d'arrivée, vers mon père et son tee-shirt Pantani. Je ne vais pas le prendre ce virage, je me crashe, je vais tout droit. Des centaines de visages derrière la barrière, et celui de Charly, Charly est là ! Toutes les erreurs, toutes les folies, je les fais devant toi et je vais m'encastrer dans cette barrière à tes pieds. Tu t'es endormi, Marco, réveille-toi, tiens jusqu'à la ligne. Ce visage n'est pas celui de Charly, je ne vais pas tout droit. Trop de monde me voit tomber, je ne peux pas leur donner raison. C'est le dernier palier de décompression, j'accélère encore, juste pour entrer beaucoup trop vite dans ce virage, le dernier, pour ajouter du frisson au frisson, de la clameur à la clameur. J'ajoute à la clameur due au vainqueur celle qu'on réserve à l'équilibriste en glissant un demi-boyau sous la bâche de la barrière. Je ne dois pas m'endormir, je dois tenir, la ligne est à quelques dizaines de mètres. Encore un petit peu d'après c'est long, avant la fin.

Je vérifierai demain encore que la ligne d'arrivée est une surface de contact entre mon royaume et le réel. Je me redresserai sur ma selle, lèverai les bras au ciel parce que c'est ce que font les coureurs qui gagnent, une imitation de figurine, une imitation d'imitation, et au-delà de la ligne, brusquement, le réel tombera comme une enclume : freinage, caméras, micros, marche, cohue, embrassades, mon père, serviette-éponge, fatigue, speaker, Crédit Lyonnais, Coca-Cola.

Ça sent encore la viande pourrie.

Plutôt dormir.

Dépôt légal : août 2021
Composition : PCA (Rezé)

Imprimé en France en juillet 2021
par Corlet Imprimeur à Condé-en-Normandie
N° d'imprimeur : 21070154